為愛情造新命

扭轉關係體質，成為幸福好命女

皮爾斯夫人（林家羽）

——著

各界推薦

若是有一本書，可以幫助你找到好的對象、告訴你在婚後如何維持美好的戀愛關係，甚至有孩子之後仍然可以成為一位很亮眼的媽媽，你還能錯過嗎？

因緣際會之下，讀到這本書，除了有真實故事的分享，還有許多重點的整理和歸納，讀起來淺顯易懂，並且讓我們再一次思考關於婚姻的真諦，進而幫助自己成為一個更卓越的女人。

——Natalia／人妻在加拿大的異國生活版主

女人結了婚後，往往為了家庭孩子犧牲奉獻，委屈自己，忽略了自己的需求，一味迎合先生孩子夫家，最後，完全失去了自己，被困在不快樂的婚姻中。

婚姻中帶來的摩擦與衝突，驅使作者開始往內走，療癒與原生家庭的關係以及內在議題。因為療癒了自己，便不再與傳統女性的角色綁在一起，開始活出自己，追求熱愛的事物；也因為活出自己，與先生的關係更緊密，為婚姻帶來許多的生命力。作者證明了，婚姻不是愛情的墳墓，女人，依然能夠在婚姻中發光發亮。

——Safina／「愛與神聖療癒空間」療癒師

經營婚姻不會只有一種方式，同樣的，婚姻中的「好女人」也不會只有一種版本。傳統的溫柔忍讓、相夫教子、以丈夫為尊的「好女人」規範，在作者的身上完全不適用。相反的，她用深刻的自省覺察，不斷照見自己的盲點，一步步走出非典型的幸福婚姻。

——柚子甜／作家、心靈工作者

「愛情馬拉松，是互相成就，不是互相遷就。」這段話很快地抓到了長久相處的核心。然而很多人連成就自己都不容易了，沒有在心靈層面自我建設，還要談到能成就對方，那根本是在說夢話。作者談婚姻，常常回到「自我」扎根，便能立足安穩，漸次展開彈性的界線，讓對方懂得珍惜。作者的努力與覺察、伴侶的支持，慢慢成就了獨特的非典型好女人的幸福，值得我們透過這本書領略作者的體悟。

——**洪仲清／臨床心理師**

婚姻的確是場馬拉松，隨時都可能因體力不支棄賽，看到愛情的墳墓。但也有機會在一次次的試煉磨合後，漸漸悟出幸福的原汁原味，有幸瞧見真愛那難得的模樣。

看膩熱情減退了只好換個人愛的速食劇本嗎？《為愛情造新

命》教你維繫婚姻的長治久安之道，學習和另一半互相成就、成全，見證婚姻的平凡，及超級不平凡。

——許書華／家醫科醫師

推薦序／

任性又熱血的非典型好女人

徐輔軍／《犀利人妻》導演

讀著家羽新書稿子的同時，想起上回我們通電話，她興奮地分享終於帶恩典去內觀中心，她也在廚房當義工，完成想要在內觀廚房煮亞洲菜的夢想，而且還是煮給一百多個人吃。她還跟我提到，開始在社區裡帶行動不便的老人家，練習椅子瑜伽。認識她十多年，她的天兵、直覺敏感、真誠溫暖、對生命充滿大大的好奇與熱情，幾乎都沒變。

不過老實說十幾年前的她，跟十多年後的她，某些面向反差相當大。猶記當年跟她面試，我在那張廣播人靈動又熱血的嘴說動下，錄用了一個完全沒有任何電視工作經驗的人。那時我跟她說，你明天就來上班，我面試了近二十多個人，沒有一個人像你如此清楚自己要什麼。印象深刻的是，她第一次和我出外景時，一到達外景地，她就拿起包包裡那把可愛的小花洋傘遮陽起來。我看到差點沒昏倒，心想出來拍片就是當苦工的，這小姐還真是嬌滴滴啊！

當時嚴重懷疑，家羽到底能不能勝任這份工作，後來發現她雖是電視新手，但她這個人有種魔力，很多人看到她就會自動掏心深談，加上她對人的直覺敏銳與熱情真誠，都讓她在熟悉電視作業後，很快便得心應手，將人物故事製作得相當精彩。

在她離開後，這姑娘竟任性地消失了幾年，唱起流浪之歌旅行天涯去了。再看到她時，那個曾經撐著花洋傘的時髦女孩，居然挑戰過四千六百公尺的尼泊爾登山之旅，也在以色列最動盪、自殺炸彈攻擊頻傳的那一年，不顧他人反對跑去旅行。甚至在泰國機場過夜時結識清潔女工，女工們還招待她回家睡一晚，她也曾在印度跟一群背包客跑去當電影的臨時演員。

而後嫁到德國定居他鄉，每一次她帶先生與恩典回台灣，也都會跟我們一家人聚會。十一年的德國生活，透過新書我看到，那個不斷突破生命、不斷突破自己的家羽。這回的筆鋒變得直接犀利了，有時更帶點嗆辣，我也看到好多人走入她的生活與內心世界。我在想德國人的一絲不苟，碰到家羽，一樣無法招架，沒認識多久的人，短短時間內就可掏心掏肺。

關係的路不容易，因為這是一條一輩子透過伴侶，來讓我們與自己和解再和解的路。家羽的書，是她生命每個階段的真實紀錄，在書裡我看到她從一個女生變成一個老婆與媽媽，然後又透過跟先生的親密關係挑戰轉折，慢慢蛻變成一個內在層次豐富的女人。

關係有一定的難度，就如生命對很多人來說，是沉重與複雜的，但看了家羽的新書，心口流進一絲絲新鮮的氣息，知道任何一刻，我們都可以重新再選擇。而我們也可以偷挖一點點家羽的任性與瘋狂，當個非典型好女人，犀利一點、勇敢一點、自覺一點、熱血一點，慢慢將那個活潑好玩的自己再活回來吧！

推薦序／

勇於造命的家羽 活出非典型動人之歌

張盛舒／科技紫微創辦人

看了家羽新書的第一頁我就笑了，她的算命經歷與造命過程，就是我這二十年來，為什麼要大聲疾呼建立正確算命觀的原因。其實我在二〇〇〇年創辦科技紫微網時，根本沒預料到，會因為網路的力量而徹底顛覆傳統命理思維。我秉持將命理科學化、現代化、簡單化及實用化的願景，提出「科學定盤」與「命盤合參」的全新觀念，淘汰落伍過時的算命方式，結合傳統命理學與現代心理學和人際關係學，強調知命造命，開創了全新的命理觀。

古人重男輕女，古時候的女生，不能有自己的想法，不能有自己的事業，只能三從四德，委屈自己。因此我說，照現在的價值觀來看，算命古書所論的女命，百分之九十是錯的！如果不懂分辨，那算錯命就不如不算命！而家羽在遭受算命師的極度恐嚇之下，還能不認命地勇往直前，獨在異鄉為異客，與另一半在不同文化的衝擊之下，認識自己，找到出路，這就是造命。過程必定艱辛，但卻開出自己美麗動人的生命花朵。

我發現紫微斗數實在是人生的好幫手，不僅可以協助個人了解自己、規劃未來，還能了解他人、改善人際關係，放在婚姻與愛情更是好用。問題在於，許多來算命的女性朋友，還是被錯誤的觀念給困住了！在台灣，或說在整個中國，絕大多數受到錯誤算命所害，影響其往後一生深遠的人，是女性。

由於受到古代算命書價值觀的影響，就像一場沙文主義者的聯誼會一般，充滿了貶抑女性的傳統封建思想，以及錯誤百出的宿命推論，時至今日未見任何改正。如果算命師不察，照本宣科，那麼每個去算命的女性，就極有可能會受到二次傷害。為什麼說是二次傷害呢？因為，許多想算命的人，都已是心中有疑惑難解，生活上徬徨無助才會求助算命，如果算命師再以不正確的方式來解命，說什麼這就是本命造成的現象，隨隨便便讓來的人帶著不正確的自我認知回家，不就更養大了這隻以吞噬女性地位為樂的病態文化獸？

每個生命都是獨一無二的，不同的命盤，就有不同的活法、不同的情感觀、不同的夢中情人。古人只想要塑造一種典型的好女人，但我們有幸活在多元化的二十一世紀，當然就要勇敢活出自我，如家羽這般，活出另一種非典型女子的動人生命風景。而家羽在書中更用心記錄了定居德國十一年來，德國現代男女關係轉折的精彩故事，肯定值得你花時間好好細細品味。

推薦序／

異國戀的跨界雙人舞

陳惠君／女俠ina創辦人、電影《一起衝線》導演

女俠ina社群平台的籌備期間，我們的編輯四處尋找並邀請有「女俠角度」的作家，盼望能在女俠官網上刊登他們的文章，提供女性滋養心靈和生活的內容。有一回編輯提到一位資深專欄作家，是目前住在德國的皮爾斯夫人，對於如何關愛自己、生活美學、旅遊文化、親子教育等議題的論述很有心得，有幸得以邀稿成功，在女俠網站陸續傳遞溫暖知性兼具的觀念與視野。幾個月後皮爾斯夫人告訴我們，即將於年底出版新書《為愛情造新命》，是關於伴侶關係經營的

洞察和經驗，並寄來書稿與我們分享。

看著她的文章，可以感受她年輕時自帶濃烈強大的能量，彷彿一齣齣碧娜・鮑許的舞作，起初總是奮不顧身地展現對愛以及自我成就的追求！然而，這樣的盡情地揮灑，卻也反向地凝聚成堅固的執念，與演變為各種壯烈的結局。於是透過重複的轉圈撞擊敲打，身體形成了錐子，一圈又一圈，一次又比一次深，鑽入自己的內在，在遠嫁德國的日子裡，雕刻出「非典型女性」的生命歷程。

以一般通俗的電影情節來說，女主角個性獨立灑脫，多才多藝，卻歷經許多不順利的戀情，最後終於找到真愛，離鄉背井遠赴德國結婚，從此開啟甜蜜幸福的未來！然而，在現實的人生裡，真正高潮迭起的劇情才要開始。

這個看似浪漫美好的結合，終將面對每一天在一起的磨合，也因為老公的成長背景是講求紀律與規章的民族，女主角於是為自己開啟了一項持續的挑戰。如何和國情與個性不同的丈夫，創造有愛的日常，同時守護自己的價值？如何褪下在台灣的成就和光環之後，在語言文化思想迥異的歐洲大陸上從零開始？

伴侶關係是幾乎時時刻刻都要面對的道場，而女性常常在親密關係裡，因著許多的制約和盲點，越活越失去自己，從細微的情緒開始，累積巨大的痛苦心傷。皮爾斯夫人敞開自己，透過本書描繪了多年來的心路歷程，和周遭朋友生活實例的體會。從覺察自己和對方的舊有信念和內在創傷為起點，用愛與智慧療癒彼此，更勇敢擺脫婚姻裡的性別、國籍、文化等既定標籤，重新定義並創造出自己和對方都喜歡的生活樣貌。

讀著一篇篇的書稿，除了有著這樣的共鳴，也發現許多實用的溫馨提醒。這樣的提醒，也許就是在令人昏眩的疑惑或低潮中轉念的契機！感謝皮爾斯夫人，持續用文字傳遞誠摯的建議和喜悅的能量，更感謝這樣的生命，用每一天有意識地生活，舞出了真實的自己和親密關係的春夏秋冬。

推薦序／

禮敬生活，皮爾斯夫人的自造幸福好命工程

彭滯儀／飛碟聯播網節目主持人

因為專訪作者介紹暢銷書《夢想德國》而結識皮爾斯夫人，六年來，從初識時那個遠嫁德國努力扮演好媽媽、好太太的甜美好女人；到打掉重練，一步一步在婚姻關係中自造幸福好命的「非典型好女人」，我遠遠欣賞著她人生風景的轉變。

「三十而立，四十而不惑，五十而知天命，六十而耳順，七十而從心所欲不踰矩。」不同的階段，標誌著不同的生命狀態與生命風

景。人一生追尋著「幸福」，從小，在父母手足間爭取關愛；年紀稍長，在師長與同儕之間尋求認同；成年後，除了在職場奮鬥拚搏，更努力建立家庭、創造幸福美滿人生。這一路走來，所有關係的綜合，就是您我是否「感到幸福」的關鍵基礎。

在所有關係中，因著不同的對象，經營幸福的方式可能有所不同，但凡走過必留下痕跡，所有作法的背後，都有著被不同類型人格驅動的行事軌跡。近年來，阿德勒心理學《被討厭的勇氣》蔚為風尚，於是我們開始有意識地學習，如何在關係中解放自卑重獲自由。而說到人我關係中，因為互動產生的自卑與不自由，又追溯到心理學中所謂的「討好型人格」或是「迎合型人格」。

兩年前，開始和遠在德國的家羽長期合作，每個月固定請她在節目中對談生活，家羽為單元起了個名字「禮敬生活，皮爾斯夫人好時光」。我非常喜歡，因為短短十二個字，濃縮了家羽自造幸福好命的願景計畫與行動準則。

很高興有機會為讀者推薦家羽的最新力作《為愛情造新命》，她用三十一篇文章，書寫十一年異國婚姻生活裡的自我生命側寫（profile），提萃出如何掙脫「討好迎合」、卸下「委曲求全」的「體質改造復原工程」，分享她如何在婚姻關係、家庭生活、親子教養中，從混亂衝撞掙扎裡，看見林家羽、愛上林家羽，進而勇敢突破好女人的角色框架重建自我，並與皮爾斯先生攜手成長，讓皮爾斯夫婦合拍共舞幸福華爾滋。

這是一本女性自我成長的療癒書，是一本看見男女都有內在小孩、學習與內在小孩和好的心靈書，更是一本在關係中、在生活裡實踐斷捨離的幸福工具書。「花若盛開蝴蝶自來，人若精彩天自安排。」沒有性別之分、沒有年齡限制，只要您還在尋覓自我、叩問幸福，就請您加入打造幸福工程的行列，一起自造幸福好命！

目錄

PART 2

磨合，要越磨越合

PART 3

幸福，需要長期練習

自序／

為愛情和婚姻造新命

在進入本書之前，我想先問問，活到現在，你喜歡自己的人生嗎？快樂嗎？如果你對目前的生活打從心裡感到歡喜滿意，那麼你一定是個知道如何經營自己人生的人。假設答案是否定的，也許先來聽聽我的算命故事。

記得移居德國前，我曾跑去找算命師，當時關注的當然都是夫妻宮，我想知道未來的異國婚姻，會不會幸福？那位算命師嚴肅地看了我的紫薇命盤，說：「小姐，你的夫妻宮非常不好啊！以你的星曜來看，你會嫁到一個有肢體暴力的人，夫妻倆生活相當平淡無趣，對方不夠浪漫，你也很強勢，倔強固執。」

他的話猶如青天霹靂，讓我腦袋一時如當機般完全空白，只能無助地問算命師，如果那麼不好，該如何改命？沒想到他彷彿鐵口直斷般回我：「無法改！像你這樣的夫妻宮，在古時候就是很不好的命格。」

那天算完命回家，整個人虛脫還暴哭了一晚，有種世界快末日的感覺。接下來的一周，開始動手打包準備寄到德國的行李。我一邊將東西篩選放進箱子裡，一邊不斷想起那天跟算命師的對話，就在打包到最後一箱時，個性裡反骨的那個自己，跑了出來勇敢地說，千萬不要隨便屈服於一個算命師說的話，要靠自己積極造命，有一天我要讓那個算命師跌破眼鏡。

我知道命盤算得出一個人的基本性格取向，但我更相信人可以透過深刻自我覺察與改變，看清楚自己三百六十度裡，每個面向的弱點與優勢，一點一滴進行著馬拉松式的成長蛻變。只要我願意，是有可能將弱點與習氣，牽引驅動到另一個非阻礙的生命風向上。

就在出發到德國的前夕，我如此對自己強烈地信心喊話，心裡也有預感這趟關係旅程，將會是生命體質的再造之旅。

中醫裡有個詞叫先洩再補，當體內五濁八毒的雜質沒有先清掉，吃再多補藥都沒用。個人特質的改造也是如此，需要先知道自己有哪些負面習氣，花時間耐心地不斷察覺、釋放、汰換、轉化，進行一連串更新動作。否則再怎麼接觸令人怦然心動的關係、成功吸引力法則書籍，或激勵人心的關係課程，結果總是換湯不換藥，反覆在某種惡性循環裡。看書、上課，可以讓人在雲端陶陶然一陣子，但不消幾個月又從雲端被打下地面哀哀叫。

這十一年的婚姻生活裡，每對付一個舊信念習氣，老實說我都付出相當的身心俱疲，或反覆掉入自我懷疑的低谷裡。也體會到改造期，自己的心臟真的要夠強，因為那些隨侍在旁，準備打擊自我信心的「好轉反應」會有無數次。這個時候，我總會跟自己喊話，千萬千萬不要放棄，愛情馬拉松比賽的最後三哩路，總是最多人放棄的關鍵點。

老實說，我並不是什麼厲害的兩性婚姻專家，但這場愛情馬拉松賽，卻是越跑越漸入佳境，而我也真的成功地為自己造了新命。先生的脾氣的確比較暴躁，但隨著我內在的蛻變，加上不斷用各種方法提醒他，以及他也是個有自覺且願意反省的人。十一年下來，他的這個缺點已經磨得更圓融，而當年算命師說的肢體暴力，只能說太誇張了。

至於算命師說的夫妻生活相當平淡無趣，這點更是無稽之談。婚前我們就是懂得創造情趣的人，婚後即使進入柴米油鹽的平凡生活，兩人還是會想辦法創造一些火花，先生後來就常跟我說，和我在一起真是充滿樂趣。

其實，我和先生最大的挑戰應該是彼此都很強勢，婚姻初期常因此弄得雙方心很累。後來藉由靜心修行，彼此的稜角逐漸磨圓，真的碰到衝突與差異，雖然也會不開心會生氣，但通常一定談開來自覺反省，跟對方共同找出關係裡我們可以一起改變的關鍵點。

我的倔強固執在婚姻中需要調整，但拿去運用在工作上，反而成了事業體的強項，走出一條創新之路。當弱點疏通引導向另一個地方，就有機會搖身一變成優點。這十一年的點滴成長蛻變，我讓自己活成了好友心中的非典型好女人幸福版本，不是刻板賢慧的好女人，是生鮮活蹦亂跳的好女人；不是一心犧牲奉獻的女人，而是成長自己也順勢成就家人的女人；不是完美的女人，卻是辨識度很高、很難被複製的女人。

現在的我越來越懂得命術論要送給人類的生命祝福是，這一生難得來到地球一遭，我們靈魂親自設定的藍圖，其中的險境與困難，都是靈魂自身要藉此設計，來迎向螺旋式的個人突破與成長。所以愛情關係的種種挑戰，實在不該以被動式的認命低頭，或乾脆將算命師的話搬出，反覆說著不幸福是命中注定。

我這輩子雖是女人身，骨子裡卻有一股勇者力道，不輕易在碰到瓶頸關卡就掉頭走人，而是用心自覺與突破改變，才能將算命師說的一一推翻。不只是婚姻，婚前的幾段失敗戀情，它們的共同地雷與誤區，我也是一次次如抓賊般無情地揪出並站在它們面前，將蒙面黑布帽強行拆開。一點一滴將過往的思維系統進行改寫，並療癒關係裡曾吃過的虧與犯的錯，還有到底是哪幾組深層潛意識信念與原生家庭的印記有關？

而今的我和先生，都比十一年前更快樂幸福，也更有彈性。我們倆可大可小，可以溫柔似水，但也可以行動果決。我們享受著當彼此的生活玩伴，也勇於承擔婚姻生活裡的角色責任付出。

其實每一場愛情馬拉松都會成就很多的事，所以請真心問自己，人生如果可以再翻牌洗一次，你覺得此刻的自己，需要洗心革面的部分是什麼？需要斷、捨、離的人、事、物又是哪些？寫完再找另一張紙，寫下你理想中的自己與生活，該放進那些新的元素，才能順利些將你引向美好快樂的版本。

假設你此刻對自己人生很滿意快樂，一樣請你把人生為何會如此美好，將自己最明顯的元素基調列寫出來。會祭出這道題，其實是在快完成書稿之際，某一刻心靈湧動。我的心問我，你喜歡此刻的人生嗎？你快樂嗎？我回很喜歡！雖然生活難免有壓力或大小挑戰，但大部分時間我是快樂的。我的心說，真好，恭喜你。那麼要不要把自己的生命的基調元素一一寫下來？

當我看著這一番自我整理，突然明白自己的心要告訴我一件事情，那就是當一個人越喜歡他自己的人生，或覺得自己有能力創造快樂時，似乎更能創造與擁有美好的親密關係。

這場愛情馬拉松賽，我還在路上，但十一年來在德國，我遇見很多精彩的愛情跑友們，那些與她們短暫共跑時光，聽到許多曲折又發人省思的愛情故事，我也全記錄在此書與你們分享。我自己的愛情馬拉松也算轉折多多，有不少失敗，但那些陷落都一一轉化成造就我幸福美好的點滴養分。

屬於互相成就的愛情馬拉松特點是，願意不斷離開舒適圈，勇敢自我覺察，並佐以行動與對方歷經蛻變之旅，慢慢將各自隱藏的潛能開始激發出來，體質變強了，耐力與持久力都超越以前的紀錄。

真正的幸福該如一片有機花園，需要大膽休耕、需要耐心等待及學會欣賞四季更迭變化。唯有花園裡的兩人持續翻新成長，互相激活，突破再突破，才可能親眼見證生命體自身更鮮活生動的新版本。

而所謂活出一種你自己真正喜歡的人生，就是在運用有機的生命觀，大膽地去翻轉自己跟自己的關係，自己跟對方的關係，以及自己跟世界的關係。

PART 1

愛，要先找到自己

你的他真的愛你嗎？

那天瑜伽課進行半個小時後，T才氣喘吁吁小跑步進入教室。九十分鐘瑜伽課結束，我們一塊在教室後方的沙發區，喝著剛泡好的香草茶小敘一下。這時大姊頭B問晚到的T：「你今兒個遲到是為哪樁？」

T說，因為男友從澳洲打來，好不容易通上電話，她想多把握跟他講電話的時間。B很吃驚：「我們以為你早跟他分手了，怎麼又在一塊了？」T說因為很愛他，所以一定要再給他一次機會。B這時皺著眉頭：「你不是已給過機會了，他兩次出軌你還那麼寬宏大量，你確定他真的是愛你的嗎？」

平常文靜的M此時突然眼睛一亮，提高嗓音問：「大姊，那有沒有一些清楚的準則，可以知道這個男的是真的愛自己啊？」B說當然有，但要暢談那些準則前，先聽她分享一個小故事。B的姊妹淘L曾有一個長達十五年的同居男友Y，對方年紀大她五歲，從一開始Y就跟L說，他這一生是不婚不生主義者。L雖然愛小孩，但因為很愛他，心想搞不好幾年後男友想法變了，她還是有機會生小孩。

結果在他們同居十五年後，Y竟在一個工作場合，認識另一個讓他心動的女性，很快兩人陷入熱戀。那男的跟L說他找到真愛了，決定跟她分手，和新戀人結婚。L聽到這消息如青天霹靂，完全無法相信當年他不是說一輩子不婚同居就好？讓她更傷心的是，Y結婚不到一年小孩就來報到了，後來L輾轉透過友人口中得知，五十歲的Y說，此刻就是他人生幸福的最高點，有老婆還有可愛女兒做伴。

這故事聽起來好像錯都在那個男的身上，但B覺得這個令人痛不欲生的結果，L自己責任最大！M很不以為然：「那男人那麼沒良心，L還要負什麼責任啊？」身為L的好友，B在他們同居的過程裡，早就發現L與Y關係不對等，不論工作與生活都是L在配合他的需求，因為她太愛Y了，所以什麼事情都隱忍。

當她提出希望Y可以陪她多多回去看看爸媽，或融入一下她的朋友圈，Y總說沒空。所有旁人看得很清楚，Y不愛她，只是利用她的感情，讓他的生活更便利。女友們看在眼裡，該勸的都勸了，難聽的話也說盡了，但L似乎意識不到危機。後來當Y遇見真正有感的女人，也就是所謂男人心中認定的愛，所有以前跟L說他不能做的，全自動切換成另一套版本：帶著禮物陪老婆回娘家，開心加入老婆的朋友圈，孩子半夜哭了，他要老婆多睡他來哄小孩，曾經信誓旦旦終生不婚不生的男人，換上了愛家愛妻的幸福圍兜兜。

B說好殘忍的一跌，但愛不愛的蛛絲馬跡，已經密織成明眼人都看得到的一張網，但L早將自己真正需求放一邊去了。再加上L很怕自己一個人生活，她總愛將那句話放在嘴上，平淡無風雨的雙人生活就是福，兩個人過還是好過一個人過。殊不知人生啊，必須要是活潑互動的雙人對舞，日子過起來才會有種活蹦亂跳的幸福感啊！

曾歷經五段關係，婚姻至今十八年的B說，自己還不是解愛高手，但有過的體驗，加上長年與不同類型男性共事過，男人到底是跟你玩玩，還是來真的，有幾點相當具有參考價值。

第一、他很投入你跟他的感情生活，非常願意為你花錢花時間。

第二、他會用盡心思來寵愛你，關心你內在真正的需求渴望。

第三、他渴望看到你是幸福快樂的，所以在某些事情上，他願意為你改變自己，那種因為愛可以放棄某些自我的部分，是真愛的證據。

第四、為你付出，成為你依靠的肩膀，會讓他覺得很有成就感。

第五、他不會故意搞神祕不讓你知道他的行蹤。

第六、他不會將你藏起來，喜歡將你當成寶，帶著你參加他的親友聚會。

第七、他在面對關係挑戰時，願意發揮耐心持續與你溝通。

第八、在兩人關係成熟要考慮婚姻時，他會等不及與你一塊迎接生命另一個新里程。

從這八點就可以很快區分出，這男的到底是只喜歡你，還是真的愛上你。她說喜歡跟愛的不同在於，他可以在婚前喜歡上很多人，同時間跟很多人攪和，但當某日他遇見真正愛上的那個人時，他心中的動力將呈拋物線式的，把喜歡跟愛大膽分開來。

在B分享完這個故事一年後，某天T在瑜伽後跟大家宣布要辭掉工作，搬到澳洲跟男朋友住一起。她說自己二十六歲了，決定離開舊有生活出去闖一闖，雖然她也不知道這一離開，人生會如何？

我跟她說：「T，我們都不希望你在情感上受太多苦，但人生怕遺憾，就去經歷吧！在澳洲開展的新生活，不管結果如何，都需要自己走過，我們會祝福你，但如果有狀況，也要知道你還有退路，記得回來哦。」離開前她臉上掛著淚，騎上她的單車後，回過頭一直跟我說謝謝！我站在瑜伽教室外，看著她美麗的背影，默默跟上天祈求，拜託祝福這女孩，請派天使護守著她在澳洲的新生活。

私房・心話

年輕時曾短暫與一位年長我十五歲的經理人交往，這段戀情五個月無疾而終，主因是對方事業有成，生活中打高爾夫球與工作事業永遠排在第一位，平日通電話時，年紀小的我，只有聽他訓的分。但好幾回生病或需要他在旁陪伴時，他為我稍來的只有電話問候。某回與他一塊出遊，年輕的我迫不及待拉著他的手要去森林裡探險，但當時他冷冷地跟我說，坐遊園車就好了，用走的太麻煩太累了吧！當下我的玩興馬上冷掉一半。

那一回出遊我看到，他並不是真的愛我，只是需要一個配合他生活型態的女伴，但我不想再奉陪，我知道真正的愛，肯定會很自然地為對方著想。後來他因工作被外派到美國，仍不斷打電話回來聯繫，我想切得一乾二淨，索性將電話號碼換了免去騷擾。真正的愛是在你最需要的時候，再忙都想要陪伴在你身邊，而如果這個人真的愛你，他不會是一個行動上的侏儒，他會以行動真真實實，給你那份踏實感與安全感。

危險情人的幾大類型

米亞是健身房的教練，我特別喜歡看她俐落的長髮馬尾與矯健的身段，充滿年輕朝氣。有回上完啞鈴課後，F當著學員的面突然問她：「米亞，你的新戀情進行得如何啊？」米亞沒有彆扭，落落大方地聊起新男友的種種，這時在慢跑機上的G太太突然插了嘴進來：「你這麼年輕，要多談戀愛累積些經驗很重要。戀愛像爬迴旋梯，在不同層樓會看見不同的景致，不過要想往上看到更美好的景致，可不是像呆頭鵝一樣努力攀爬就好。有些危險類型的情人，能不碰就不要碰，因為有可能一碰上，會將你攀爬的權利撤消。而且一定要記取戀愛的教訓，要不然很有可能越換越糟，讓自己莫名深陷慘不忍睹的危險邊緣地帶。」

G太太的話好像一大盆冷水，讓米亞開始苦笑：「我戀情才開始，你幹嘛嚇我啦！」這時健身房裡的其他婆婆媽媽立刻附和G太太，好像大家都是過來人深有同感。F說第一種最危險的情人，是那種有酗酒問題又有暴力的男人，因為她的親妹妹曾嫁給這樣的人，離開之後花了不下十年身心療傷，陰影仍無法輕易揮去。

O小姐沒結婚，一邊練習深蹲一邊說：「情緒智商偏低的男人要特別小心！我曾經跟一個很有才華的男人交往，一開始他鮮花禮物不斷，後來當我們在生活某些觀念意見不合時，就變得冷熱無常，甚至常常突然三個星期莫名失蹤找不到人。幾回之後我終於想通一件事，下回我寧願找一個不是才華大滿貫的男人，但一定要有情緒自我控制能力，那種安心與踏實才是戀情可以扎根成長的關鍵。」她說那種雲霄飛車式的愛情驚嚇過一次就夠了，不需要再玩第二次！

這時在慢跑機上香汗淋漓的G說，危險的情人會被標註上危險兩字，是因為會讓人賠了夫人又折兵，無法結婚還遍體鱗傷，她自己年輕時就歷經了幾段。G有回跟我分享，她在學生時代曾愛上一個有婦之夫，當時她陷在愛的痛苦深淵，與那位仁兄分手劇上演不下十回，就是斷不開情纏。後來還是她的好友D殺出終極手段，帶著她搬離原來的住所，並且將對方可以跟她聯繫的任何方式與可能性都斷開。半年後當G理性恢復正常值時，才椎心刺骨地認清自己的白痴瘋狂。

六十歲的G說，危險情人類型永遠不出那幾種：

一、自己有幸福婚姻卻在外拈花惹草，矇騙另一個女人說，家裡沒幸福。

二、不願公開你跟他的關係，將你當備胎，永遠遊走在無數女人間。

三、生命有嚴重成癮問題（酒、毒品、暴力）。

四、情商特低，當你覺得與他不適合要分開，會以自殺或自殘方式企圖挽留你。

五、眼中永遠只以他自己的事情最優先，你永遠要替他著想、以他為主。

還有一種危險情人她覺得能避開就一定要閃人，那就是滿嘴蜜糖花心不斷的男人。終日遊走不同女人間，靠一張甜蜜的嘴擺平女人的心，這類型的男人的身後，總有一票對他無法放手、極度溺愛的女人還在後頭撐著。

G說壞掉的男人，有必要存在的價值，因為當惡魔出現，女人內在最不堪的最下一層就有機會曝光。要斷開他們前，須認清自己根深蒂固價值低落的課題，幫自己奉上時間好好修練一番。否則內在未癒的「我不值得」課題，會在你斷開一個壞蛋，某個日常生活的轉彎口，又不小心被另一個壞蛋拐走了。

女人究竟要造命還是聽從宿命，真的就在一念之間。如果不小心愛上卻發現不對勁，記得狠下心用盡各種方法讓自己快速全身而退，要哭要難過都可以，給自己一個月時間糜爛就好。最重要的是記得你沒有再犯錯的機會，唯有改變跑道、改變信念思維，甚至該為自己花上一年用心地改頭換面，讓全新美好的你，去迎接更值得你投入愛的男人吧！

惡女與渣男是黑天使

愛上渣男與惡女真的不好嗎？記得那年參加X夫妻在森林的婚禮，遇見了一對結婚十三年的D夫妻檔。喝著雞尾酒時D先生說，男女雙方婚前，最好把握時光，讓自己累積多些關係經驗，即使遇見了惡女與渣男，一到兩次學會教訓，釐清自己真正適合的感情觀，轉身一過，都該謝謝那些人扮演過我們生命的黑天使。

D太太除了認同外，又補上一大篇感想心得。她說：「是該感謝一下生命中的黑天使們，但可別將收集累積黑天使當成幸運點數。」智勇雙全的人，總是可以將反向挑戰翻轉成生命的一次次晉級跳躍，但可不是每個人都具備那樣的好本領。她說自己的弟弟O，是那種女人見了都會心動想要交往的陽光帥氣男，但弱點是心地太善良，遇到憂鬱型女人特別容易動情，想當對方的救世主。

D太太說，弟弟的每一任女友氣質個性都是同一款，親友們都覺得隨他吧，只要多些感情經驗，有天他會有醒悟的，但沒想到後來他還是娶了一個很有問題的女生。O與這女人交往的兩年裡，所有的親友都不喜歡，因為這個來自破碎家庭的女生極度沒安全感，從他們一開始交往，大家都很明顯感覺她刻意將O帶離原有的人際關係圈。當O宣布要與那女生結婚時，所有的親友聯合起來為他辦了一次森林露營，名義上是要幫他辦婚前單身之夜，背後心機是想輪流跟他對談喊話，看他能不能醒過來。

那晚十幾個人在露營基地的火堆旁，一一分析給他聽，希望他能改變心意，但他卻說，相信愛可以療癒對方，改變這個女生。O的善良與好個性讓他總在職場無往不利，人緣大滿貫。但這樣的個性放在關係裡，遇見一個控制狂，處處都需要別人配合她的惡女時，就會成為痛苦的來源。不出大家所料的，結婚九年來，所有人眼睜睜地，見證了他從一個陽光男孩，變成一個雙頰瘦削、憔悴不堪的憂鬱男人。

O在婚姻第二年開始，就向眾親友發出痛苦不堪，再也受不了這個女人的訊息，大家都勸他趕快離了吧！就在他開始思考離婚的可能性時，女方懷孕了，依他有情有義的個性，這時更無法放下她，O心想也許有了孩子後會有轉機。但孩子出生後，夫妻問題不但沒解決，下了班已經很累的他，還要負責家裡紛亂環境的所有清潔工作。朋友問：「你老婆待在家，沒上班只帶小孩，家務事她可以分攤一些吧！」

「老婆說沒時間打掃，她只想把時間用在她的興趣上。」大家聽了O的景況為他打抱不平到極點，憤慨地很想修理那個女生。只是O的歹戲拖棚搞太久，歷經九年小孩連生三個，後來親友都不想管他了。因為慢慢地大家都發現一個真相，惡女的存在也是另一個人無限上綱允許的，如果O永遠學不會說不、本性不改，即使跟那女的分開，不管換多少人，一樣會碰到相同問題。

痛苦的關係永遠雙方都有戲，不就一個負責給打，一個負責願挨嗎？D太太說惡女與渣男，名稱不同但都有共同致命要害，那就是他們都是自戀又自卑的人，帶著生長背景的未癒創傷，透過關係之舞，慢慢將對方吸收同化，帶進他們寄生的黑暗世界。惡女之歌吟誦的是，永遠需要另一個人為她過往所有的苦與不堪負責，永遠不看清與承認自己有病要醫。而渣男是將自己照顧得無微不至，有些雖然其貌不揚但善於討女人歡心，渣男只要碰到女方過於認真，問起了婚事承諾時，不是繼續對你甜話不斷，就是馬上拿各種理由來塘塞你的心與嘴。如果女方持續追問，沒多久他就如人間蒸發，乾脆讓你再也找不到。

遇見惡女與渣男也別氣餒，快快醒悟拔腿就跑。世界上還是有好男人與好女人，但是幸福來自一顆清楚頭腦與滿滿的改革行動，現在流行為愛出征，在你積極充實自己各方面時，那眼神散發的璀璨，那身體散發的自信迷人，那走起路來的搖曳生風，就是活生生的發電機。每天起床第一件事，就是跟自己喊話，自己是一座新的發電機，每天充滿了無數機會可以遇見新戀情！

D太太說的可是她自己的真實體驗，嫁給D先生前她驗收了兩任渣男。後來以一年時間洗心革面，將自己各方面都過得快樂不已，下班時間學佛朗明哥舞與大提琴，每個周末排滿不同社團活動，後來在網球社認識了現在的先生，當時都已四十三歲，戀愛一年後就結婚，與先生十三年的婚姻，仍然甜蜜如昔。D太太說，遇見惡女與渣男算什麼，打不敗你的，都將會讓你變得更堅強，成為關係裡更出色不可被取代的伴侶。

在愛裡失去自己的女人，代價可不輕

N十一年前與P結婚那天，我們這幫女友，印象最深刻的除了N身穿白紗的甜美陽光笑容，那天還有一個令大家倍感弔詭的部分，女人幫們不約而同發現，N的老公常對其他女賓客發電，甚至還有身體的接觸。感情閱歷豐富、為人精明的A說，她一開始時就嗅出這男人的花心味，好幾次有意無意地暗示N，但N深陷在P的猛烈追求中，總是說她想太多了：「你該不會是嫉妒我們的甜蜜幸福吧？」

從此她就冷處理，不再管N的事。婚禮後沒多久N傳了簡訊給大家，說P工作沒了，需要從德國北部搬來跟她住。N當時因為從事保險業，業績相當不錯，心想有一層公寓，收入還可以，P搬來找工作期間，她負擔個半年的生活開銷應該是沒問題的。

N在婚後三個月就順利懷了孕，等到女兒快兩歲了，她心愛的先生P仍繼續處於待業中讓她養。我們這群姊妹到她家聚會時，看到的景象是N頭髮變花白，越來越老，忙著小孩忙著張羅大家吃喝的東西。但她的寶貝先生P就穿得美美，泡在五個女人中，一點也沒有要幫忙的意思。那整個下午他聊未來想做大生意的計畫，說他認識多少商業巨賈。我們這群女人幫又不是沒見過世面，大家情場歷練也不少，每當P離坐出去抽菸時，A就小小聲說，這個超級狐狸騙子，以為大家都如N一樣傻傻吃他那套。

N的爸媽在女兒嫁給P之後，不曉得為她擔了多少心，N的爸爸有回還特別在女兒生日前，拿了兩百歐元給P說，女兒生日快到了，拜託他買個生日禮物討她歡心。但可笑的是這個自戀又自卑的男人，竟將丈人給的錢拿去買了一只自己的新手機。這荒唐事傳到了A耳中，她再也受不了，直接將N約出去訓了一晚，希望用嚴厲的話潑醒她，但那晚之後傻大姊N繼續痴迷。

一直到第二個女兒出生，這位仁兄的工作仍沒下落。就在婚姻邁入第八年聖誕夜，全家團圓的前一天，P先生喝得醉醺醺回家跟N說，他再也受不了婚姻了，他失去了人生的自由，這與他個性非常不合；說完順便丟了另一個炸彈給N，說他早在這段婚姻的第二年陸續在外頭有不同的情人，這回他終於遇見真愛，希望N放手成全他，讓他離開。

聖誕平安夜闔家團圓圖破碎了，當N的家人與女友們在聖誕夜前，聽到N從電話筒那邊傳來激動的哭泣聲，大家雖然心疼不已，卻也想大放鞭炮——感謝這男人出軌離開了N，要不然善良的N不知道還要繼續迷失自己多久呢？

N與P分手後，大女兒的生日慶生會上大夥再看到她，都驚覺N又變得更蒼老，當年那個穿著白紗漂亮發光的女人，這些年折騰下來，換來的是存款沒了、健康沒了。幸好愛她的家人與朋友仍不離不棄陪著她。

N的故事是那種母性氾濫的愛，無止境地奉獻自己、掏空自己，以為這就是愛的最高表徵。在愛裡迷失的女人，會習慣自圓其說，沒關係再等等，他快要出人頭地了，但卻不願意看清，那男的只會耍耍嘴皮，天性懶散又漫天謊言。但是女人的雙眼卻被愛遮蔽了判斷力，明明先生與其他女人曖昧越了界限，她還說，男人嘛，難免逢場作戲。即使慢慢意識到遇人不淑了，卻還痴傻為他圓場或抱不平。

一個女人有幾個十年與青春可以糟蹋？這愛的代價高昂，不是每個人離開都可以東山再起，再度相信愛情，遇見另一個適合的良人。大夥的感嘆聲裡雖然悲傷，但對於N的好個性大家仍抱有希望，未來她可以再度找到真正的幸福。

P離開N三年了，前兩年N非常地低潮，但因為有兩個女兒及工作，仍振作自己生活。她將那張與P睡過的床丟了，打包他的舊物品丟進大型垃圾桶。當時P還耍賴說等找到工作才能搬出去，但N立刻請所有好友來幫忙，連夜將這個男的請出家門。N花錢重新粉刷家裡每個角落，也開始撥出時間去運動、騎馬。

花了幾年時間，她的臉上開始恢復氣色，跟我們聊起生活裡做了哪些新鮮好玩的事，綻放的笑容讓我們替她開心不已。N的自愛力量讓她重新復活了，在她恢復精、氣、神不久後，很快就有了新戀情。聽到好消息時，大夥一邊為她開心，一邊卻又擔憂，到底這回她會不會再選錯人呢？

在戀情穩定的一年後，我們終於見到N的新男友。女人幫的直覺犀利評估，這仁兄跟P是兩個極端反差，L個性內斂負責，下了班後，常跑來幫N帶兩個女兒練習數學；愛乾淨的L，看到N下班累到沒時間整理家務，會幫她將家裡掃得乾乾淨淨；生日過節，他就安排帶她去看不同的歌劇；親友來到N家團聚時，最忙的人不再是N，而是愛下廚的L。

N與L交往期間，親友都吃過L的料理。那天女人幫被N找去慶祝她的生日，L煮了他最拿手的法式料理，正當我們享受美味時，N問大家口味合嗎？此時精明的A開口說：「不只美味好吃，而且就如你們遇見了彼此，幸福渾然天成！」聽到這段話，N跑去坐在L大腿上，兩人甜蜜親了好幾下。N終於不再迷失了，而上天也回報她一個好男人！

（私房．心話）

念高中時，有一年暑假跑去美容沙龍當小妹，那兩個月在SPA中心的打工生活，女客人E讓我印象深刻。記得當時她都點名我，負責幫她按摩身體，第一回當她全裸躺在按摩床上，我看到她胸部如碗狀，竟完全沒有下垂，在我將按摩油放到手心上準備開始按摩時，美麗的E突然跟我說，小妹妹待會我的胸部你要多幫我按摩。十七歲的我，根本不曉得為什麼要特別幫她多按胸部。

那天等她離開後，老闆娘跟我說，E的胸部是假的，手術後需要頻繁來做按摩，不然整個胸部會僵硬很不舒服。接著又說，可憐的女人，因為先生喜歡胸部大的女人，E以為只要隆乳後，先生就會從另一個女人身邊回到她身邊，但沒想到先生並沒有回心轉意，只嫌她胸部做得不漂亮不夠大。我一聽差點沒吐血，這是什麼天理。

隨著歲月洗練，聽到或看到身邊的傻女人還真不少，一個在愛裡失去自己的女人，幾乎可以為對方放棄任何東西，包括身體的自主權。一個真正愛你的人絕不會將超模的外表套在你身上，逼迫或慫恿你去變成另一個女人的完美模樣。如果遇見了不能欣賞你獨特美的人，表示他根本不適合你，也根本不值得你去愛。

記取失敗的戀愛學分

如何記取失敗的戀愛學分，一步步邁進向上提升的關係花園？其實一段失敗的關係總是很誠實地呈現內在需要再成長的部分，因此想要重新展開一段順利的戀愛，必須在每一回關係結束後，給自己一段療傷整理的時間，清楚寫下關係的失敗關鍵點在哪裡，自己需要調整的地方又是什麼？

「全新的關係花園圖」可協助自己釐清心中真正渴望與合適的伴侶，讓你不再愛不對人。方法很簡單，準備五到十張A4大小的紙張，在紙上畫上一個大圈圈，每張紙寫下一個心中認同與渴望的幸福關鍵因素，同時要說明為什麼。這個自我對話的書寫練習很有意思，即使過程中一改再改都沒關係，關鍵就是一直寫，直到你覺得是最對的那個感覺就可以收筆。

把這份紀錄好好收藏並時刻放在心上，等你熱好身，期待迎接下一段新戀情時，這些關鍵因素會成為你戀情的導航器。以下簡單分享在我的關係花園圖裡，幾個最在乎的關鍵內容。

1 我的「好」他懂而且珍惜

還不夠自愛，容易吸引不懂你的好的人，被愛情蒙蔽雙眼時，還會自虐地說，一定是自己不夠好。等到遇見比較對的人後，才發現原來「愛」，不再是單方面的費力。那種「好」是雙方在一段關係裡，有比較多對彼此的欣賞與認同。兩個人都知道關係花園需要灌溉經營，但不需要花很多力氣來爭取愛。

2 了解對方的原生家庭

從一個人的原生家庭及成長過程，包括他跟父母親的關係如何，他們怎麼連結彼此，大概可以看到從戀人期進入婚姻後，與此人會有的生活型態。每個關係牽涉到的不是只有彼此，嚴格算起來，對方的爸媽與祖先家族意識，都會在我們與對方進入關係後，自行進入一個連結圈圈裡。

如果能在戀情一開始前，讓自己盡快了解對方跟家庭的連結，多一些理性的觀察判斷，這對未來的感情之路，將有舉足輕重的決定與發展。有相當多的人，無意識承襲了原生家庭的受苦模式，無自覺又不願意改變，將創傷受害習性帶入自己的關係裡，以致戀情或婚姻不順。所以進入關係前，我們可以先保護自己，多些理智去深入了解對方的原生家庭。

3 彼此都能信守忠誠的承諾

面對科技網路發達無國界，現代的關係或婚姻要維護好，雙方兩人如果沒有共同對忠誠信任的護守，沒有制約的界線，將讓關係隨時都可以為了自由或其他理由，變相成不負責任的遊戲。忠誠專注的界線是需要清楚、不容模糊的。以前的我也跟前幾任男友一樣，對於給出承諾相當害怕，因為超級擔心失去所謂的自由，但在這段十多年的婚姻裡，卻第一次享受到可以實踐承諾，帶給我內心穩定的力量。

一個人是否真的成熟，其實跟他願不願意在關係裡，給出承諾並實踐有很大關聯（不過想單身一輩子的人不在此列）。還不夠成熟前，我們都歷經過將戀愛當成補償生命缺口，或想透過戀愛撐大自我的遊戲。這些酸、甜、苦、辣是自我生命探索的過程，每一道里程都會變成我們的養分。

4 工作之餘，有時間一塊享受過生活的人

很多女性在乎男生經濟能力問題，我覺得關係其實是雙方的，經濟上雙方應該都需要有自己的專業領域發揮，因為工作是個人力量的延展與可貢獻世界的光。但是否要以對方多少收入來認定對方，就需要很小心了。因為只要是工作難免有起伏或轉職，甚至失業或無法

預期的工作變化發生。

基本上，一個人該有份喜愛的工作，對工作本身有擔當，也有學習進修的熱忱，一份基本收入可以養活自己，甚至能因應孩子出生後，老婆需要有幾年時間擔任全職媽媽的變化，先生可以支持到另一半。在這個簡單的原則下，兩人各自分工，既不會給關係帶來高壓，也可以讓我們對彼此保持一定的尊重界線。愛的連結，除了錢之外，還有很多很多的可能性。我更喜歡的是雙方在工作與生活裡取得平衡。工作後的我們，願意花時間陪伴彼此，共同進行休閒生活的興趣嗜好，這種心靈的幸福交流，可以為我的關係花園，注入更多幸福基金。

不夠珍惜自己的女人，自然遇見不尊重她的人

某回出差工作，入住了一家很有風格的飯店，說很有風格是整間飯店的大型藝術繪畫創作是出自飯店女老闆的作品。就在我跟客戶用完餐準備起身前往舊城區走走時，飯店女老闆向我們溫暖問候，對飯店提供的餐點滿意嗎？有沒有什麼要改進的地方？寒暄小聊後，她突然跟我說，明早享用完早餐，如果有空歡迎到飯店裡的祕密基地造訪！

想起女老闆說那祕密基地時眼中的神采，隔日我特別提前享用早餐，也算好去搭火車前，多預留一個小時前往她說的那個祕密基地。當我將門推開，看到的是一間充滿西藏佛教味的靜心室，十坪大

的空間裡掛了五彩的唐卡以及一尊莊嚴的綠度母神像。細看貢壇上的鮮花與燭火，每個角落都感覺得到女老闆對小小聖地的看重用心，置身在這個空間裡，身心油然有種觸動，不自覺閉起雙眼靜心起來。十多分鐘後打開眼睛，看到女老闆坐在離我前方不遠的蒲團上，空氣裡流轉著安詳寧靜的氛圍，我好奇地提問，是什麼原因讓她特別在飯店裡的空間裡，設置了一間如此獨特的靜心室。

她不避諱地直說，是一段失敗的婚姻。聽到的當下我心裡有點像岔到氣，但仍佯裝鎮定繼續聽她說下去。十五年前她離開了婚姻，當初離開覺得是前夫的錯，因為是他拋下了她，但這個認知卻在五年後被她自己打破了。先生離開後，她為了自我療傷，大膽開始去圓夢，上了繪畫藝術治療課程，希望幫自己慢慢解心裡的痛苦。

為期一年的課程學習裡，認識了一個習修密佛的朋友，透過這位新朋友她進入另一個全新的靈修信仰世界，開始去參加朋友的共修團體。幾年的持續自我覺察與練習裡，她終於有能力看清那個失婚的痛與敗。她說其實在婚姻裡，看似她為家庭付出犧牲、做出各種好事，但那個付出努力的平行線上，她常常會不斷對先生抱怨與嫌棄，因為她覺得自己的付出沒被他看見與在乎。婚姻的前幾年先生都裝作沒聽見，但日積月累，每天的家庭生活開始演變成對彼此的叫罵。

她苦笑著說，以前沒有自我覺察能力就不斷責怪別人，但有一天突然頓悟是自己將原生家庭的模式帶進婚姻。因為延襲了母親從來不懂得自愛自重，從來不懂得當一個將力量放在自己身上、成為一個可以自我創造快樂的女人，所以那匱乏的愛在付出投注到另一個人身上時，絕對在身後暗藏了一把刀，如果對方沒有馬上給適時的回饋，嘴裡的酸言酸語就準備隨時登場射向對方。

此刻的她說得不激不動，甚至落落輕鬆如在談另一個女人的故事，但篤定的眼神中卻是一番徹悟。她告訴我，婚姻後期先生對她的惡言相向與不尊重，是她當時內心的反射鏡，因為她本來就不愛也不夠珍惜自己，自然會遇見不尊重她的人。內裡自愛的能力匱乏，所展現的愛不只摻有雜質，那樣的愛也充滿壓力，讓別人無力消受更想逃。

這個殘酷的自我覺察雖然付出了一段婚姻的代價，但也因此進入另一個靈修世界，開始經營飯店，更將自己的繪畫創作跟飯店做了完美的結合。這樣一個被失敗洗滌過的女人，奉上十多年的自我面對與勇敢穿越，換來另一個全新風貌的人生。

與她相談甚歡卻仍需要去趕火車的我，臨走前還是忍不住好奇心，問她現在有伴侶嗎？這一問她臉上如花綻放似的，光彩奪目笑著說當然有，是一個住在漢堡的律師，兩人都五十多歲了，修行與生活興趣都接近，生活在一起特別自在輕鬆。

坐在回程的火車上，看著窗外飛逝的風景，我不斷想起她說的那段話：「如果每個女人與男人，沒有先好好遇見過自己，懂得照顧並愛自己，那麼即使遇見真命天子與天女，不愛自己的人必定會親手慢慢將那段關係搞砸。」她說成年人的愛，如一場馬拉松，是一場在獨立與依賴、付出與給予、情商與心智上，都需要實力與能力旗鼓相當的跑友。

馬拉松考驗的不是如短跑的衝刺力，而是需要耐力不懈前進，關鍵與不敗之點就是，雙方兩人都不斷練習將自愛、自我覺察、自我滿足當成一生最重要的事。她說比較能愛自己的人，給出彼此的愛是自身滿溢出來的芬芳，那愛如茉莉花散發的淡雅芬芳，輕輕盈盈地不黏不膩，卻讓人一想起你來就會莞爾會心一笑。

（私房．心話）

十五年前跟M那段，明知他腳踏兩條船，可那時不珍惜自己的我，偏偏患了自我欺騙的喪心病。去瑞士時，朋友還帶我去找了一個靈媒，靈媒將我跟他的照片施了一個法術，同時掛保證，沒問題的沒問題的，他是你的人。將你跟他的照片放枕頭下，每晚睡前唸我教你的咒語，不出兩周他就會回到你身邊。

靈媒說的話我都照做了，但殘酷現實是，分手就是分手了。那時陷在情沙裡的我，明知他根本就不把我當一回事，卻仍自我欺騙他最後會只專屬我一人；明明他劈腿了很多次，還習慣幫他找藉口。不珍惜自己的人，通病都很像，心裡自我價值低落，也從不覺得自己配得幸福，配得那種專屬一心一意的珍惜。M的出現，是我自身招來的精彩對戲，那個人無情地將我的心剖開，好讓我在劇烈痛苦裡認清自己。

某年生日，突然意外收到M寫來的生日快樂祝福，信裡頭除了跟我祝賀外，還大概提了他目前跟太太的生活近況，然後在信的最後，特別關心我在德國生活如何？嫁到德國後幸福嗎？我跟好友T提起M寫信給我的事，T説那你要回嗎？我説，回什麼，回個頭啊！

後來連著兩個月陸續收到M寫來的其他信，其實收到他祝賀我的生日信裡，隱約就聞到他不快樂的氣味，但我早已不再是十五年前那個不珍惜自己的傻女人了。此刻的我珍惜自己與先生的生活，關於他的生活怎樣，我跟T説，還真想送他一句狠話：「拜託M先生，你的不幸干我何事，本姑娘實在對你沒興趣，別再來吐苦水，我沒時間當你的情緒垃圾桶！」為這人哭過傻過，修到不夠珍惜自己的學分，已經夠了，歲月可沒那麼多時間讓我瞎攪和啊！

年齡限制不了女人的美

在我策畫的德國野小孩風格旅行團的行程中，曾拜訪了幾位德國女性，讓許多團員印象深刻。記得再次拜訪黑森林有機農場時，我跟團員們坐在核桃樹下喝下午茶，當下有位團員看著女主人P一頭俐落短白髮，直誇她的白髮與髮型好正點。

P一聽笑得好開心，然後說自己在四十七歲開始長白髮，一開始她還會試著去染髮，但染了幾回後，她突然意識到自己對老去的恐懼。她說：「有幾回看著鏡中的自己，仔細端詳了很久，發現老了有白髮有皺紋了，但老實說，我好愛此時的自己，因為好不容易，人生來到了身心成熟，可以完全掌握自己的階段。看看那白髮與皺紋，並沒有讓我變很醜啊，怕醜怕老是來自恐懼作祟，自己怎忘了，女人的魅力與自信根本不會被年齡限制的啊！」

P在那回自我對話後，就再也不染髮了。如今來到五十二歲，白髮長滿全頭，她卻不再焦慮，還笑說友人甚至問她這麼正點的頭髮是去哪裡染的，真有型。大夥看著她從容自信發光的臉龐，不禁笑開懷。相對於P的自信美，我帶的這一些來自台灣的團員們也不遑多讓。她們很多都超過六十歲甚至七十歲，但外觀上不只看起來年輕，豐富的生命閱歷，也讓她們應對進退輕鬆自如，那種屬於大齡女子葷素不拘，幾乎什麼話題都能開講暢聊的彈性，讓我們每日的旅行，經常是笑聲震天，過癮開懷極了。

當一個女人是鮮活有趣時，你會忘了那張臉的皺紋或白髮，甚至忘了她們的年齡。當她笑時，當她挽著你的臂彎貼心關懷，你會被另一種美感染，女人們戰戰兢兢在尋求的美，除了外貌的用心保養，更在人與人相處過程裡，在細心聆聽的交流對談裡。

女人所散發的自在與幽默智慧，都讓人無法忘懷，那一款女人的美，是由內在潤透展現向外的氣場，如花芬芳，歷經歲月雕琢了獨有的風采，輕鬆展露出吸引人的氣度風華。當女人遇見女人，每一次我們都有機會再度檢視，自己到底想成為什麼樣的女子？在我們準備將社會標準裡的美，往自身框套進去前，是不是應該花些心思，澈底釐清自己對美，對未來該長成什麼樣子的自我美學養成，好好思索一番呢？

我曾將那些東、西方深深吸引我的女性特質記錄下來，包括名女人們、旅行裡遇見的女人，以及過往在台灣對我影響至深的女性前輩們。當反覆看著筆記中令我喜愛的女性典範，發現她們各自呈現的本質竟好相似。

從那份整理中，我知道自己對女人之美的定義是：

第一、這位女性不一定是絕世美女，但整體看起來讓人覺得舒服順眼，懂得讓自己過得健康開朗，活得豐富精彩，懂得將經營學放在生活每個領域裡。

第二、思想與經濟獨立，具備自愛的生活哲學。

第三、享受打理裝扮自己，享受當女人的所有快樂與可能性。

第四、擁有自己熱愛的事業與興趣，傾聽自己心內熱情的聲音，回應投入各種可能的自我進修與新事業的開展。

第五、幽默風趣、反應機靈與落落大方，面對不同人際都可以應對自如。

第六、用心經營婚姻關係之餘，不忘與時代接軌，擴大自己的生命圈，投身讓自己感動的公益事業，學習成為替地球付出的終身志工。

所以那美之於健康，就是讓自己養成運動習慣與瑜伽練習，學習更多的營養學，花時間下廚讓自己與家人吃得快樂又健康；之於外貌，就是享受身為一個女人各種裝扮自己的樂趣，並選擇適合自身狀況的保養品（內服與外用）；之於生活情趣，就是永遠讓自己保有赤子之心，探索熱情所在的新知學習；之於年齡，則是跳脫僵化框架，看到歲月送給她的祝福禮讚，知道貌美與膠原蛋白都會慢慢消逝，但一個女人腦袋裡裝的，那層生命渾厚歷練過的智慧與膽識，都會變成一個女人散發自信魅力的火力發電廠。

私房．心話

婚前我的穿衣風格相當民族風，婚後先生曾直接表示他喜歡的衣服風格類型，當時我很在乎他的喜好，便刻意買了幾件他喜歡風格的洋裝。然後每回的正式聚會裡，我都會穿上那些洋裝，但回到家總是急著將華服換下。我問自己，我在乎他，但「愛」難道真的要將全部的自己改造成對方期待的樣子？他就會因此更愛我，我們就會更幸福嗎？

後來我決定挑戰自己與先生，不再去想穿上這件衣服他會不會喜歡，而是單純回到享受穿搭風格、樂趣無窮的那個我。我好喜歡那樣的自己，至於他要不要喜歡，那是他的事。我不會將他的品頭論足，當成讓心情上下起伏的雲霄飛車。但是當我們需要攜手參加婚宴或正式派對時，我還是會精心選擇適合的衣著，不過可不想再穿那些讓身體感到不舒服的洋裝，而是買了適合自己的希臘風格浪漫長洋裝。

這些年下來很少聽到他對我衣著的評論，反而都是欣賞與讚美。我想會有如此的效應，應該是因為我學會了接納自己，愛上自己獨具的美。女人的美除了需要跳脫年齡魔咒，還需要學習不讓對方隨時支配我們的一舉一動，女人切記不要為另一個人犧牲了自己的美與幸福。

當自己生命的快樂製造機

某回與C通電話，聊起她和一票女友籌辦的女人陶藝生活展。聽完她在工作之餘，為了興趣忙東忙西的，我問這樣不會太累嗎？結果C回我：「寧願玩得充實點，也不能讓自己變成一隻對生活無感，快接近生鏽的老刀子。」

婚姻的前七年C很不快樂，那時的她像得了失憶症般，忘了自己曾是個生命的快樂製造機。直到有天老友提醒她：「你這七年來，每次跟我聊的，不是先生就是兒子，我好懷念你結婚前談起文學時的迷人丰采啊。」

老友告訴C婚姻重要，但努力過了頭會變成一種壓力，對婚姻與孩子不見得是好處。老友要她花些時間做做別的事，激勵她回去文學世界裡，辦個讀書會或文學電影會之類的活動。C不斷被鼓吹加洗腦，半年後終於願意每個月在家裡舉辦女性文學之夜，並跟先生商量好，孩子由他協助幫忙帶。一開始的聚會只有六個人，兩年後變成十六個人。人數持續增加，C知道必須離開家門向外發展，不到一個月時間，就順利租借到合適的場地，把讀書會陣容移到外頭。

這件事把C的生活舒適圈成功拓展開，讀書會成熟之際，她將導讀棒交給了別人，再度回到學校任職。只是這一回，她刻意讓自己離開熟悉的行政事務，轉調申請到活動策畫小組。五年來她辦過的小四生鼓號隊表演、以大自然為素材發揮的手創聖誕市集攤位、由孩子們製作聖經話劇箱，C帶著他們到市區廣場為非洲貧童募款做義演。看著她忙得快樂騰騰的發光神情，身旁的人無不受到激勵，我真心覺得，成為自己生命快樂製造機的女人，實在魅力無限，而且特別吸引人。

猶記異鄉低潮時，在市中心圖書館的讀書會裡認識了她，第一次碰面就有相識已久的感覺，我們交換了聯繫方式，很快她成了我心靈上最好的知已。有一次聊起婚姻的轉折，她說：「關係要走得健康甜蜜又長長久久，需要誠實自問，我們還有自己熱愛的事嗎？我們是不是越活越可以當自己生命的快樂製造機？」

C認為婚姻生活對男人女人來說各有不同的階段性任務，當孩子還年幼時，對女人來說特別辛苦，既要想辦法挺得過，同時還要高度自覺，持續充實自己，等待隨時再回到江湖世間。人生該慢一點的時候，請別耍酷故意加速到兩百，但當你該開快車當前鋒時，就是真實功力大會考的關鍵時刻。如果三招五式可以數十年勤練不斷，當成自個兒生命大補帖，沒有輕易放棄練功的人，會比其他人更有可能跳脫世俗的僵化公式，持續創造生命的第二高峰、或第三高峰。

婚前在職場上可以當隻快跑兔，有小孩後請自行切換成時速七十的慢行龜，每個想完成的事，以時間小小切割法，每日每月每年，輪流去完成不同的計畫目標。關係之外的你，仍堅持護守著只專屬於你個人價值的探索熱情，那麼男人肯定會被你的熱力召喚，不需要等你明示或暗示，他都會情不自禁想要跟你在一起。

當你的快樂是隨時可以自己製造，不需要痴痴等待另一個特定的人來給予時，你的自在獨立會變成吸引人的發光體。所以當你從熱戀進入婚姻現實，就不會胡亂地期待另一半是英雄，需要為了你的人生問題施以拯救，反而是你飽滿的愛可以與他共享，讓兩人都能成為快樂製造機。

練習愛自己的八個清單

愛自己的練習清單，非常需要找一個單獨的時間，準備好紙跟筆，先安靜地和自己的心連結，再把清單列寫下來。在遇見那個讓我們臉紅心跳的人之前，需要很誠實地自問，現在的生活與狀態，會不會讓自己情不自禁心動不已呢？

這裡列下的「練習愛自己的八個清單」，每列一個我都會自問，這個內容對我來說是不是「剛剛好」。所謂剛剛好，就是處在可以享受生活，但又不會被小我主宰失控的一種深刻的生活滿足感。這樣的自愛練習通常會有另一種快樂幸福的明晰層次。由於我已處在婚姻狀態中，所以列下的清單也都是目前生活上，實行起來不僅可以支持到自己，也能兼顧、支持家庭生活。

1 建立專屬於自己的運動習慣與風格

關於身體健康，我的運動計畫分為陰（瑜伽）陽（健身運動）兩部分，一周裡瑜伽跟健身運動輪流穿插，瑜伽的拉筋調理讓氣運行在五臟六腑，每回練習完都明顯感受到心情愉悅、輕盈放鬆的能量。而到健身房則做全身肌肉群的輕、中度訓練，運動完每每感受到一股陽性的自信力量。養成專屬的運動習慣，自己最明顯的改變是，生活與工作都更有活力，對於進行中的工作也獲得更持續的專注力與耐力。

2 讓自己吃得更健康

要讓自己吃得更健康，就是以愛的能量來烹飪，當我們依著愛與歡喜烹煮，食物的能量將提高很多倍。另外用餐前閉眼十秒，安靜謝謝盤中的食物，感謝蔬食裡經手的許多陌生人，都可以為食物帶來轉化的能量。然後於進食時刻意用慢速度進食，身體的細胞就會回應共振，這是我對如何讓自己吃得更健康的真實體會。

3 身體專屬的淨化假期

每一年我都會安排一個專屬於自己的淨化假期，這個假期沒有先生與兒子，只跟自己在一起，也許是內觀、或是斷食僻靜、或瑜伽工作坊。對於有家庭的我來說，愛自己也意味著，將家庭關係照顧好之餘，每年一定要刻意留時間給自己，這十天裡我可以暫時卸下生活角色，單純回到自己心內。透過淨化之旅，透過刻意跳開固有生活，因為距離與切割，我們將有機會遇見另一個自己，也會重新感知感念生活中所擁有的一切。

4 為生活空間淨化

淨化自己居住的生活空間，是讓身心再度緩慢下來的至簡通道，帶著愛與虔敬的心來清潔房子，身體勞動兩個小時，內心漸漸盈滿平安與喜樂甘味。打掃過程中，我習慣將家中每個窗戶打開，清潔打掃後，用線香或水氧機的香氛潤澤空間每個角落。聽著播放的自然音樂，安靜坐在客廳裡，與空間連結並表達感謝。為自己的空間淨化，透過那一份對自己外在居住空間的愛護清潔，也會為自己內在整頓出一個心的美麗花園，一個越懂愛自己的人，你一定會發現她們都有一處盈滿馨香的家園。

5 不定期的大小旅行

旅行時，比較容易將日常身分卸下、跳脫世俗，重新將自己打造一次。而旅程裡，每日意想不到的新奇的人、事、物，為我們奉上新思維新衝擊，這些珍奇的經驗，都需要大膽跳脫生活既有的版圖，才得以相遇。練習到一個新的國度旅行，等於是練習愛自己的過程，因為我們透過旅行的離開，往另一個更豐富多元的自己走去。甚至慢慢感知到愛的擴大，開始學會跟一個新的城市戀愛，將樹、花、大山、大海全當成戀愛的對象，在旅程裡共舞歡笑著。

6 認清工作背後的驅動力

即使工作是你有熱情或可以發揮長才的事，但總有那麼一天會碰到瓶頸，發現熱情被熄滅了。這時如何走下一步路來突破自己，重新找回那個愛上工作的自己呢？關於這點，我覺得思考清楚工作背後的驅動力到底是什麼相當重要。我是時下最流行的斜槓族，工作項目包含瑜伽教學、寫作、廣播、帶旅行團，大概都扣緊著三個驅動力。第一個驅動力是這些工作讓我擁有足夠金錢，達到經濟自由。第二個驅動力是，這些工作滿足了自我實現的成就感。第三個驅動力是，所做的每一份工作，都帶給我與他人美好的生命意義。

7 接納自己生命每個階段的谷底

愛自己已經變成時下心靈書籍最常看到的一句話，我也浸潤在身心靈書籍裡十多年，卻意外發現原來頭腦認知的愛自己，並不是真的愛自己。買新衣、做按摩、去度假或跟姊妹淘上館子享受美食……

這些很外層的愛自己不是不能做，但只能短暫提供心情抒解。我也曾將它們當成是愛自己的延伸，直到生活中碰到困境，在低潮谷底裡，才看見自己是多麼緊張地想用各種方式解決。內心那股向外對抗的力量，讓我失控，直到一次看清了這個模式行為，才開始接納與臣服。我不再對挫敗貼上失敗者的標籤，不再對逆境感到焦慮。

那一刻我突然掉下眼淚，知道這時才算懂什麼叫「愛自己」。我們義氣風發時很容易做到，但是當人生進入黑暗的時期，就必須很誠實地面對，這時還願不願意陪自己慢慢走過？這樣的愛自己，如大樹的壯根深深扎向土地般穩健可靠，長出的每一片綠葉都在吟唱生命的平安樂章。你這條愛自己的路走多遠了？如果開始學習接納最低谷的那個你，那麼恭喜，愛的心門你將有鑰匙可以親自打開。

8 花時間享受自己的興趣嗜好

某位從事藝術治療的朋友曾經跟我說：「學齡前的小孩最需要

的只有三件事——畫畫、唱歌與跳舞。盡情讓孩子去畫畫、去跳舞、去唱歌，孩子們就可以擁有一個身心健康快樂的童年，孩子的天性就是透過畫畫、跳舞及唱歌這些玩樂遊戲，開心地探索自己。」其實大人也一樣，花時間享受自己的興趣嗜好，肯定會讓我們情不自禁愛上自己。因為當你全然沉浸在興趣裡，那道關於美的心窗會為你打開，從那裡我們將領略到更多關於欣賞自己，禮讚生活的恩寵。從那裡我們知道，愛自己意味著學習讓生活如一首美妙的歌，如玫瑰的嬌豔美麗。當我們是那樣活著的時候，這個世界也將因為我們而美好。

這份練習愛自己的八個清單，我每半年或一年就會重新檢視，透過生命的開展進行不同的變化！如何呢，不妨找個時間也為自己列下量身訂做、讓你怦然心動的「剛剛好」清單吧。

適合你的人才是幸福首選

那一天和希臘女友W去喝下午茶，話題除了圍繞在她最近忙著上網要賣自製的T恤與手作耳環，大部分時間還聊了彼此的先生與孩子的生活近況。W這對夫妻看起來，先生沉穩內斂，W則是活潑多話，融合了勇於開創生活的個性。念藝術出身的她，對生活對孩子教養都有一套獨特的觀點。我問W跟先生在一起快十五年，能夠保持婚姻幸福的祕訣是什麼？

W撐了撐紅色粗框眼鏡說：「當初進入婚姻前，歷經了七次的情感淬鍊，每一個男人都教會了我一些關於自己的盲點與暗區。」T先生的條件不是她歷任男友裡最好的，要錢沒有大錢，要學經歷背景他算中上，但T的上進心卻讓她很欣賞。

在相處過程裡，她發現T最能讓她舒服自由地做自己，而不是把她變成期待的樣子來迎合。她說自己天生個性愛自由，無法忍受因為一段婚姻，從此被先生管東管西，必須放棄她想完成的夢想與興趣發展。我一聽就說：「你說這一段一定是有感而發吧！」她笑笑摸我的頭：「你很精喔！」

W年輕時，是一個內心極度沒安全感的女人，找的對象都是那種年紀長她比較多的男性，在經濟上很優渥，可以讓她完全不用去上班，只需要開心做喜歡的事就好。那幾段戀情，雖然對方都給了金錢上的支援，但同時也開始被管束、干預她生活裡的每一個決定。熱愛自由的她漸漸受不了，再加上年齡差異太大，生活層面上兩人能共同發展的活動與興趣完全不同。慢慢地她終於懂得，要遇見真正的幸福，除了得好好面對自己內在的不安全感問題，更要將目標放在找一個適合她的人，而不是各方面條件都很好的人。

W花了一小段時間自我面對與整理後，在某回參加朋友的生日派對時，認識了T，雙方馬上彼此吸引，交往兩年後，W認定了這位同齡的T，就是適合她的幸福首選，如今他們已組成有兩個孩子的和樂家庭。她說幸好當初有醒過來，看清楚自己的感情盲點。

雖然T先生十五年前是一個零存款的人，但他們夫妻婚後同心，立下成家與生活的所有共同目標。當T想離開希臘到英國定居生活，她二話不說與他去異鄉打拚，後來又輾轉離開英國，移居到德國南部。十五年後的現在，兩人在黑森林的某個小城定居了下來，靠著努力工作與存款買了一棟獨棟房子。W說那種兩人一塊打拚累積走過的汗水與淚，都讓感情變得更堅定與幸福。

W的婚姻幸福我可以見證，記得第一次看到他們夫妻倆，身高雖相仿，但老婆氣勢強過先生，大部分都是老婆在發言，我心想T先生怎麼如此安靜。隨著與他們慢慢熟悉變好友之後，才發現T先生本來就是慢熟的人，但他內斂的個性底下，可是一個自我主見強，很清楚自己要過什麼樣生活的人。

從W與T身上，我看到有些看似不登對的佳偶，其實他們自身都很清楚想要的關係，也有自己一套獨特的幸福哲學，我的另一對好友就是如此。P的英國先生D個子小小的，長得並不起眼。但D的個性卻很逗，每回朋友聚會，只要有D在就不怕冷場，他一開口，在場的女人沒有一個不是春風滿面，笑到合不攏嘴。

D跟P都喜歡跑步健身與旅行，熱愛自然與登山，生活裡有很多共同的興趣嗜好。身為醫生擁有高收入的P，與D在生了兩個女兒的九年後，才辦理結婚登記。我記得P曾跟我說過，對她來說結婚代表的是，雙方各自都思想與經濟獨立，但選擇成為一起生活的最佳夥伴，過著一加一大於二的幸福生活。女人如果沒有遇見這樣的人，那寧願一個人工作，自個快活過生活何嘗不可。跟D生活的經驗，打破她不婚的念頭，這也算是一種遲來的幸福吧。她很感謝有D，因為他不僅是一個有趣的生活夥伴，更是兩個女兒最崇拜的搞笑爸爸。

幸福首選是什麼呢？我想就如W跟P兩人，各自找到那雙穿起來最合腳型的鞋，穿上去會有種「對了，就是這雙」的感覺，走起來舒適自在，順眼漂亮不壓腳。每個人的幸福首選條件並不一樣，不必去模仿或和他人比較，因為專屬於幸福兩人特製的美好，將可以陪伴彼此在關係裡慢慢穩穩地走，那道途雙心的堅持與溫柔，都會化作力量，陪伴佳偶攜手穿越人生轉折的每一段風景。

當幸福願意給出承諾

女人談戀愛到一個階段，大都會相當在乎男方願不願意給出承諾，我在結婚前，曾歷經了幾段挫敗關係，都是卡在得不到承諾。和A瘋狂愛戀那三年，在不同國家見了九次面，戀愛談得辛苦，激情熱烈但猶如水與火各不相容，有回問他有沒有想要成家結婚的念頭？他說：「沒有！」他喜歡跟我這樣相隔兩地，在短暫旅行裡相見的戀愛關係。

那個回答一棒打醒我，我問自己，這男人口口聲聲說愛我，但為何如此害怕給出承諾？那一年到以色列拜訪他，跟著他到耶路撒冷老家尋根，當我們回到他小時候生活的村落，某一刻他一語不發地望著一整片的橄欖樹山丘。然後悠悠跟我說，父親在他五歲時上吊自殺了，那件事帶給他一輩子的巨痛與對生命的懷疑。

我看著他堅毅的背影，想起在戀愛中，他總是要求我獨立自主，說不可能一輩子在我身邊，所以我一定要先懂得照顧好自己。因為很愛他，所以我將他所說的話都奉為聖旨，放在心裡認真操練自己。但時間一久我開始崩潰，我可以獨立自主，但是也渴望在關係裡，無懼地展現生命裡軟弱與無助的那一面。

我們的愛無疾而終，傷痕累累，那時的我們根本不懂愛，因為都帶著某種嚴重愛的匱乏迎向對方，想從對方身上索取。尤其當我聽到他悲傷的童年，更是變得毫無理智地想扮演他生命的拯救者，而這樣只會讓感情變得更糟。

與A分手後，很快我掉進M猛烈的追求攻勢裡。失戀讓我患了愛的上癮症，驕傲地想以另一段新戀情向A挑釁，讓他知道「離開你，我怎麼會痛，我好得很，而且馬上有了新情人」。我的盲目幼稚，在享受甜蜜戀情六個月後，馬上就掉入地獄般的痛苦。M其實已有女朋友，卻瞞著我，發現自己是第三者雖然很痛苦，但投入的感情早已讓我無法自拔完全失控。

連著兩段失敗的感情，我終於在瑞士異鄉絕望的冰山，淚成大海的深淵裡，澈澈底底地看到，我根本不是在談戀愛，我是在投射內在生命黑洞的種種未癒的課題。

那次的重創，讓我第一次在異鄉特別想念爸媽與家人。回到台灣在家裡安神養傷過程裡，看見我超級不愛自己，內在的小孩也還沒療癒，了解到極度渴望另一個人給我幸福承諾的背後，是我很怕被人拋下，那種孤單沒有安全感，遇見也還不懂得愛的男人時，肯定是兩敗俱傷。

我需要一段冷靜的時間，單純好好跟自己相處，先花時間陪自己了解自己。後來有近兩年時間，每到周末我就一個人去爬山，為自己下廚，去上舞蹈課，上班之餘，開心地吸收各種新知與冒險。慢慢地，我學會了一個人生活的自在快樂。

過了兩年，連續接到A與M要結婚的消息，那時候收到他們的來信，完全沒有難過，心平氣和，給出我心中最大的祝福。朋友問我，真的不愛了嗎？我說：「以前那個愛他們的我，根本不懂愛，所以引火自焚，傷了對方與自己，還天真浪漫地自欺說為愛飛蛾撲火，浪跡天涯，此刻想起來都快翻一千次白眼了，覺得自己傻到不行。」

A與M結婚後，隔了一年我就嫁給德國老公了。當初在網路上認識先生，一開始就直接跟他說，本人戀愛談夠多了，此刻要找一個共組家庭，有共同生活理念的人。先生因為喜歡我，也到適婚年齡，所以完全沒被我的直接嚇跑，反而欣賞我很清楚自己要什麼的個性。第一次到德國拜訪他，我冷靜理性得像一隻貓，行前跟他說，這一趟去就要見到他的爸媽，及所有他的朋友。基於過往沒理性地跳進情海，總是創傷累累，這回決定先了解這個人的身家背景，如果OK再談感情吧！

那一趟旅行，先生幫我安排好所有的會面，與公婆一見如故，也看到先生的好朋友們，大概知道一些他的交友生活狀態。離開前我將一本行事曆給了他：「既然我們要以結婚為前提，那請將你未來的工作，與生活搬遷，及什麼時候我們要結婚的日期都標註下來吧！我們就試著照這計畫走。」

我這一舉動可能會嚇死很多人，但那時只知道自己的生理年齡，如果要生小孩也需要趕緊把握這個時段了，可以結婚後再談戀愛也行。知道先生出身在一個和諧安穩的小康之家，公婆兩人都很溫暖熱情，誠實穩健。這些品格，先生也都有，這樣就夠了。即使當初先生事業根本沒有任何的成就，完全是零，我也不擔心，覺得兩人一起白手起家也很好！但人品與家世正派，未來的路只需要付出努力應該就會開花結果的。

先生遇見我這樣一個直接的女生，就像在生命的十字路口裡吞了一顆定心丸。因為彼此相愛，所以關於那個結婚承諾，他根本沒有任何懼怕，還親自做了一只木工戒指向我求婚，迫不及待想迎向新人生。後來我們在丹麥公證結婚，也在德國的教堂進行了結婚儀式。

結婚典禮上公公特別說出我在第一次見面就丟給先生一個行事曆，希望他標註上搬家換工作，以及結婚的日期等等之事，公公說他很感謝媳婦的英明果決，讓兒子終於成了家定下來。其實我在台灣的爸媽，何嘗不是很感謝先生與公婆，因為我這個最讓爸媽擔心的吉普賽女郎，終於不需再如一片浮萍四處漂蕩。

然而過了結婚當天美麗的高潮，在進入婚姻家庭生活後，迎面而來的是不斷透過關係看見自己，面對自我的真實操練。回想這一輩子三分之一的時間反覆愛戀修練，此刻終於有點能力，打開那扇真正幸福的窗。關於幸福的承諾，應該是在遇見另一個愛我們的人之前，就得學習先從自己給自己開始。我們為自己承諾著，會盡可能地照顧好自己，學習當一個會想跟自己戀愛、生活的有趣靈魂。

前些日子跟先生到城裡，經過一家飾品店時，先生突然停下來，望著櫥窗內的結婚戒，然後他握著我的手說：「老婆，我想買一對新的結婚戒指想好久了。十年前買的銀色結婚戒指已不適合我們。」結婚十年後，此刻他才真的懂得什麼是愛。

十年婚姻裡種種磨練穿越後，此時我們都想繼續履約下去，但在履約邁入第十一年前，我們心中的幸福美滿，竟讓我倆不約而同想再結一次婚。十年後，漸漸擁有了成熟愛自己與愛對方的能力，我們以世間的婚姻之名，修練著彼此內在最不堪的內在黑洞，十年前的結婚，是身體荷爾蒙驅動的結婚，十年後的再結婚是心與心的結婚。而未來的日子，我們要給彼此的幸福承諾是，協助對方在身心靈各方面，都越來越平安、健康與喜樂。

PART 2

磨合，要越磨越合

忍耐真的是一種美德嗎？

某日傍晚，跟先生到城裡買東西時，巧遇先生的同事老K和女友。問候小聊分手後，我馬上好奇問先生：「老K交了第一個女朋友，你覺得他現在有比單身時幸福快樂嗎？」沒想到他突然支支吾吾，看來答案應該是不太好，不然以他的急性子早就張揚著他們倆多恩愛了。

老公帶著無奈的口吻回我：「老婆，我們結婚前各自都歷經過五段戀愛史，戀愛越談就越清楚，這世間根本不存在所謂的完美情人。老K第一次談戀愛，跟女友熱戀期半年過後，進入到磨合期，每天的午餐時光常聽到他私下對女友的指點與抱怨。」我一聽很納悶：「那老K的女友呢？」因為每回看到她總是溫柔地依偎在老K身旁，好像甜蜜得很！

先生說，老K的女友投入很多愛，所以好幾回他們倆針對某些事情表達看法時，先生明顯感覺老K的女友會習慣將自己真正想說的意見全吞進肚子裡，只是在一旁附和老K。他覺得如果女生因為怕失去這段情感，而不斷忍耐、配合對方，會在關係裡埋下很多憤怒與不平。

聽完先生的高論我猛點頭，因為針對「忍耐」這個美德，我可是過來人。其實男女的關係互動要從熱戀邁入熟成的階段，在某些情況與處境下，忍耐的量若用得恰到好處，是可以為關係注入如微風的調和劑。不過可惡的是大部分的關係裡，運用忍耐的防衛機制，幾乎都是紅燈警訊號的致命量，忍耐要成為美德前，自識不清就會將關係逼入一條封閉的死胡同內。

十年婚姻裡，自己曾有段不算短的時間在扮演著忍耐的角色。

為什麼要忍耐，第一個主因是，在靈修路上走了二十年，心裡自覺是個有修行的人，可不能隨便有脾氣。猶記那個階段的我，甚至對自己的平和感到驕傲，但那驕傲的糖衣下有一把嚴厲的尺，我會拿它來評量身邊那些生活修行不上進的人。

會忍耐的第二個因素是，看過某些親友們雞犬不寧的吵鬧婚姻，所以從很年輕時就跟自己喊話，那種關係太恐怖了，我才不要讓自己的婚姻變那樣。但我所認為超乎合宜維繫婚姻的思量，卻在某年成了婚姻的引爆彈，直到某一天那個火山快爆發前，我驚覺到需要暫時逃離，讓內心的怒火找到一個地方宣洩，一股不顧一切的力量讓我豁出去，當機立斷決定離家九天去參加斷食營。

為了讓自己沒有後路，火速報名繳了錢，只是跟先生談的時候，心裡難免忐忑不安，先生會不會抱怨怎麼好好的，突然要離家九天？但因為當時身心太痛苦了，心裡只有一個聲音就是我不想再演了。

我跟先生坦白自己對他的憤怒，為什麼我們的家只有先生與恩典可以隨心發脾氣，但我卻不行。每一回先生與恩典有什麼狀況，發了脾氣，我永遠是那個最平和的人，但我真的沒有那麼厲害，十次裡有五回是刻意硬撐裝出來的。先生聽完我的說明有點吃驚，他不知道原來我平靜外表下，其實內心卻有很多矛盾跟痛苦。

九天的斷食營，透過抽離了熟悉的生活，多出來的獨處留白，讓我比較有能力看見忍耐演變成憤怒的背後機制。我看到忍耐的意志力背後，隱居著一顆恐懼的心和不堪的故事，我看到忍耐的我，是因為相當害怕在關係裡，讓對方看到自己最真實的一面。

斷食營的某夜從惡夢中哭醒，夢裡是某天幼稚園下課，跟好友在回家的路上，遇見一個壞人阿姨要強行把我帶走，兩個五歲的小女生在與對方拳打腳踢後落荒而逃。那天回家後躲在房間裡一直哭，但爸媽生意忙，他們為家裡生意打拚好辛苦，我怕成為他們負擔，所以那天發生的事情，我忍耐著將恐懼害怕隱藏起來，從沒跟爸媽說過。

斷食第六天一早七點於禪堂靜坐完，身體內數十年來被我壓下去的許多故事，如萬軍甦醒全向我奔來圍堵著。斷食營的帶課老師，見我淚水潰堤，輕輕遞來紙巾並擁抱著我說：「那些隱藏的痛苦是出來見光的時候了，需要休息不想被打擾，隨時可以從課堂裡回到房間休息，如果需要找人談，我們也在這裡隨時等你。」

斷食如一帖救贖餘命的重藥，九日身心淨化之旅，親手撥開那濛濛陰雨雲霧，釐清了忍耐行為背後，源自於成長過程裡，所發生的每一道未療的瘡疤與傷痛，透過關係觸發的膿包，需要相當的自我覺察，逆轉受苦的因果循環。

一個懂得超級忍耐的人，雖然可以繼續在關係裡維持某種看似不錯的生活，但最終會遇到的關卡是彼此總是無法真實坦露，讓陰與陽相吸引的兩塊磁鐵，不知不覺中變成兩塊同性的磁鐵，互相排斥，從交叉重疊步向兩條冷冷的平行線。而我從斷食營回到家裡，決定開始學習卸下忍耐面具，允許自己表達出不喜歡，覺得差勁或不對勁的感受又是哪些？當然我的那些允許，可不是八點檔連續劇那種情緒無限上綱嚇死人的狗血劇，但關係裡破冰後的允許，卻讓我發現不僅自己更能做回自己，也會帶動另一半勇敢顯露真實。

私房·心話

忍耐的課題從來都不容易，即使對一個本身具有小白兔特質的人來說。因為再和善美好的小白兔，也會碰到讓自己氣到情緒開始張牙舞爪，不得不為自己挺身而出、捍衛自己的時候。所以十一年後，曾經是隻小白兔的我，變成了一隻兔虎混身的女人。

記得恩典四歲時，某一天帶他從遊戲廣場要往回家的路上，遇見了好友A，我們就在馬路旁小聊起來。然後恩典趁媽媽跟友人聊天時，在馬路上跑來跑去，我輕聲細語警告他不行，連續五次他都當耳邊風，我只好快速跟友人結束對談。

等朋友離開我們的視線，我將恩典帶到馬路旁，雙手緊緊握住他的肩膀，當時的我有著如老虎般的氣焰，嚴厲地跟他解釋了為什麼剛剛那樣很危險。這母老虎發威，他記住了。那晚，想起自己怎麼會有那母老虎的氣焰，老實說，真是嚇了一跳。某個部分的我，非常害怕人與人有衝突，因為看見父母親的婚姻裡，有過的那些爭吵，加上童年及求學期間曾經歷過的體罰經驗。

記憶裡所有衝突的氛圍，那個寸手無鐵，無法保護自己免於體罰的小小孩創傷，讓我從小到大，看見不認識的人們有衝突時，內在的直接反應是，拜託不要吵不要衝突，好恐怖！我不知道該怎麼辦？除了內心的害怕低語，我幾乎是不自覺且無意識地，認為自己需要為那衝突負責，當一個介入的拯救者或捍衛正義的人。總歸一句，就是一定要讓那衝突趕快平息下來。其實每一回為他人的挺身而出，是要補償童年那個無法向權威說不，無法自我保護的我。

有了這個自我釐清，再回到生活或關係裡，發生了不公不義，我不會再扮演忍耐。惹到了我，該為自己挺身而出時，我可是會張出老虎爪子，自我捍衛並與對方立下清楚分野界線。小白兔的轉身就是老虎，我的白兔溫暖與和善，只想保留給懂得珍重我的人，不對盤的人，且讓我們保持距離以策安全吧！

好女人有時候是個陷阱

有回先生下了班在燙衣服，燙著燙著口裡喃喃地唸說：「你怎麼從來都不幫我燙衣服？」我聽見了卻默不作聲。某天跟好友出門去，問她有沒有幫老公燙衣服？「哪有！他自己燙啊。偶爾他過生日我就幫他燙一下當生日禮物。」這一聽我可樂了，後來跟先生提起這事，他卻開始嫌我家事能力不足。

剛來德國第二年，我給自己很大的壓力與要求，但慢慢地我發現身邊的德國媽媽們，家裡都沒有我整理得乾淨，晚餐只有麵包加冷沙拉與起司，但我每天晚上都煮熱食。仔細想想先生的話，發現他是拿婆婆的標準來要求我，將媽媽的期待放在老婆身上。

兒子恩典兩歲前，我的生活除了寫稿就是全職主婦。兒子快滿兩歲時，我面臨了相當嚴重的焦慮，雖然看著恩典成長很滿足，但當伸手牌一久，開始慢慢感受到夫妻關係的失衡。雖然表面上說得很好聽，男主外女主內，可有時先生下了班發起情緒時，我常選擇隱忍著自己的不舒服。後來覺得再這樣下去不是辦法，該離開家門去進修充實，逼自己走出那個瓶頸。

恩典兩歲時上幼稚園，我也開始為期兩年瑜伽與皮拉提斯老師的師資訓練，甚至在還沒拿到資格前就在家裡自行教學開課。一向務實的先生說這樣不行吧，會有人來上課嗎？雖然他有所疑慮，我還是去做了，因為就是有人來上我的課，為什麼不教呢？然後從那時候到現在，我教了瑜伽七年，除了持續寫書並自創風格旅行團，還趁著每年回台灣，辦起自己的公益活動與書友互動會。

十年婚姻能走到此刻的幸福，我想有個很重要的原因，就是在婚姻裡仍保有自己對生命的熱情，繼續做自己喜歡的工作。不想辜負人生的意念，讓我充滿行動力，還將那份正能量引流回婚姻裡。

這些年來，持續在生命上的開展，讓我明顯感受到先生對我有更多的尊重與欣賞。也許我永遠達不到先生期待我如婆婆於家務事上的完美，但做到七十分已足夠，我甚至刻意不讓自己像傻媳婦般乖乖做滿分，因為生命還有很多豐富有趣的面向，我非常清楚自己實在無法只滿足於當一個完美的家庭主婦，但我絕對是一個用心的媽媽。

看見自己內在的需求，承認並接受它，自此在關係裡可以穩穩站住自己的立場，也因為內在強大的力量，比較不會在對方不切實際的期待下，來者不拒地假扮好女人一味去滿足對方，而完全將自身感受置之不理。

婆婆那個年代的女人，一生奉獻家庭與孩子，但如今身旁的德國媽媽們，十個裡頭只有兩個是長期的全職媽媽。德國有不少家庭，在孩子一到三歲時，父母親花費很多時間享受親子時光，但在孩子兩歲到三歲左右，都陸續回到職場上。德國盛行當媽媽後的半職工作，從婚前一周四十個工時，轉變成一周二十個工時。媽媽們都知道這樣的工作時間與型態，會有幾年的過渡期，等孩子越來越大，她們就可以再將工作型態做更多的成長與變化。

有回跟兩個姐妹淘喝下午茶，聊起當全職媽媽好嗎？這兩位職業婦女紛紛直爽地說，當三年全職媽媽，其實只要家庭經濟無虞是很棒的一個生命經驗。但超過四年以上就得看情況了。B說她的好友F當全職媽媽十年，先生是高級主管，收入非常好，三個孩子每天都安排了滿滿的才藝課。但每回聽她聊起近況，全都是抱怨，B跟她說：「孩子最大的九歲，最小的也六歲了，你可以重出江湖去做自己喜歡的事啊！」

但每一回F都說，她離開職場十年了，不想回到老職位，重點是她對任何新工作都沒有熱情，也不曉得自己到底喜歡什麼？說完又補上一句，其實也沒關係啦！孩子還是需要她每天開車載來載去，這夠她忙的，也很懶得再改變生活型態了。

好友E嘆了好幾口氣問B：「你那朋友跟先生感情好嗎？」B清了清喉嚨嚴肅地回答：「你看過F每日匆忙開車接送孩子來來回回的蒼白樣吧，一個不快樂的母親、不再花時間愛自己的女人，想也知道她跟先生的關係會如何！」

這場閒聊聚會，讓我們三個職業婦女更加激勵彼此，那就是女人結婚後一定要想辦法，不管是在工作及生活上持續自我成長，這會讓一個有婚姻的女人，更快樂更自信。

雖說婚姻裡保有自我很重要，但回歸家庭裡的大小事，我是與自我發展放在同一個天平上。關於先生期待我的完美好女人想像，這些年來，漸漸知道如何在彼此的差異中，找出一個公平值處理，後來全家三人各自分配均量的家務工作，這招一出，凝聚了共識免了衝突。不過話說，這些年在家庭角色的洗禮下，對於清潔打掃這件事，我是真心喜歡做的，寫稿子動腦久了，我習慣花個一小時做家務事平衡自己，為家裡花心思創意妝點，單純是熱愛美學生活的我，手癢不做不行的自得其樂。

十年主婦生活學分，年年修考之下，此刻為家務付出的點滴，可沒有一點所謂的犧牲與奉獻。跳進好女人陷阱之前，如果不是心甘情願，那些「好」裡頭，肯定有心理的苦與毒，隨時會在婚姻有狀況時，從全身七孔爆出煙硝味。好的前提，如果是奠基在雙方溝通過的理解度，那「好」字肯定能被提升，搖身變成為「我好你也好」，給與收之間，脫離抱怨與委屈心結，雙方可以自在站上愛的天平，懷著某種柔情敬意付出，並感激地享受互諒互愛的暢行無阻。

那天跟恩典從內觀中心回到家，老公到車站接我們，連著四天在內觀當義工，加上德國三十九度高溫異常，一回到家真有種累到快爆掉的虛脫感。老公將晚餐弄好給恩典與我，我跟他說：「今晚不跟你追劇了，我要早點休息去。」老公說：「老婆，謝謝你的用心，帶兒子去參加內觀課程，辛苦你了！等一下吃完飯，廚房我來清理，還有洗好的衣服我來晾。」

我馬上親了他一下說謝謝，然後直接坦白：「下周我因為有工作進度要趕，無法陪恩典。」這時老公轉向恩典：「媽媽下周有重要工作進度要趕，你要自己找時間跟朋友去遊戲廣場，另外周五你可以跟爸爸到公司上班，盡量不要影響到媽媽的工作狀態。」

聽完老公英明的話，我心滿意足睡在舒服大床上，心裡不只感謝老公的體諒貼心，更感謝自己多年前的勇敢。我知道自己渴望當一個好媽媽與好太太，但那個「好」，不是浮濫地對什麼人都濫情，或刻意壓抑自己委屈求全。所謂的「好」，需要建立在相當程度的自我了解上，清楚自己的強與弱，優點與缺點，誠實面對自己每個面向後，才不會任由每一個外人來主宰你的人生品質，而當我們自身活出了深層渴望的幸福，你會發現，所有的「好」都是順勢而為的增值快樂。

女人需要男人的溫柔與呵護

現代女性的高學經歷背景，已讓單身成為另一種幸福快樂的選擇，如果無法遇見那位對的人，將自己過得精彩豐富不是更暢快嗎？話雖沒錯，但不妨讓自己保有一顆彈性的心，因為很有可能在生命的某一刻你堅持的信念變化，決定人生應該要有伴才完整，或你遇見了一個對的生活夥伴，那麼請別害怕，大膽勇敢地迎接你的新人生吧。

誰說女人不需要男人的溫柔與呵護，誰說女人只要有錢有能力，就不需要男人這個可愛的生物，與我們共譜生命的舞呢？好友S的某位女友，前年開始進入更年期，過往的她是個自由獨立的新女性，高收入，遊遍全世界，生活多姿多彩，感情世界也很精彩，總是有很多男伴，她坦承不想要有長遠固定的親密關係。但隨著生理上的變化，她突然常常有感地跟S說，不曉得為什麼開始很羨慕，像S那樣擁有一段健康固定的親密關係，或像她的好友E有先生與孩子溫暖的家庭生活。

好友S也是新女性一員，很早就選擇不進入婚姻不生小孩，享受當一隻遊走眾男人間的花蝴蝶。想不到在她遇見M後，竟讓所有朋友跌破眼鏡，從一個慓悍的女強人，變成一個溫柔的女人，與M手牽手走過了八年穩定又甜蜜的關係歲月。

曾經好幾回與S深聊關於她的轉變，跟我說雖然工作上她是女強人，但在這段關係裡，對方給予的呵護與疼惜，激發出她骨子裡屬於女人溫柔的美好特質。她的工作有很多挑戰與挫折，男友成了她最強的後盾與支持，讓她知道一個女人再成功，如果沒有男人對她的愛與疼惜，這如水又如花的女人，再美仍是形單影隻。

雖然進入關係肯定比單身一人費心費力，但某個部分的我們，卻透過自我個性的修改與歷練，慢慢長出我們自己都無法想像的新特質與力量智慧，這些寶貴的轉變，是單身時所無法體驗的。如同S一樣，十年婚姻也改變了我。年輕時瀟灑走天下，經常說走就走，一只背包闖蕩江湖。然而此刻有家庭的我，出差帶旅行團，或一人回台灣小旅，每晚都要跟先生報平安說說話，工作後也等不及想回到家。

家成了我心底最溫柔的港灣，每回出差回到家，就可以吃到先生特別為我煮的湯麵，他還會在化妝台上擺放上一束鮮花。先生對老婆的呵護總流露在每個生活小細節裡，有回出差回家，晚上睡到一半發現枕頭高度變了。隔天問先生，他說因為常聽到我睡不順舊枕頭，因此買了一個適合我頸椎高度的健康枕，希望我的問題可以改善。

還有一次從台灣回來，才走進臥房準備將行李放下，完全不敢相信眼前所見，他趁我不在時買了我想要的那個古典化妝台，更將我所有的項鍊手飾，都分類歸納進每一個抽屜裡。他對我溫柔呵護這些點滴，讓我銘記在心，所以家庭生活裡，我也就更用心去經營。關係的溫柔花園是我在乎你，你在乎我，我體貼你，你體貼我。

有伴侶的生活是人生的另一種學習，其中的付出和收穫都是單身無法體會的。如果想要找個伴，最好廣泛學習與吸收戀愛學分，對於兩性間的差異與思考做更深入了解。然後隨時讓自己準備好，積極地去擴大交友圈，迎接可能來臨的伴侶關係。當女人比較自覺時，就會有更多智慧護守自己的心，去選擇一個生活上較適切的伴侶，這時享受男人對你的溫柔疼惜就不再只是夢想而已了。

男人需要女人的欣賞與尊重

記得某年參加一個瑜伽工作坊，五天的課程結束後，除了學習到等待已久的瑜伽新知，另一個意外收穫是，認識了一對從瑞士來上課的夫妻。這對已邁入中年的夫妻，打從老師一開始要大家自我介紹時，兩人就輪流曬恩愛，先生與太太三番兩次說著，他們是多麼愛對方多麼感恩此刻所擁有的幸福家庭。

下課的時候，我常跟活潑開朗的兩人聊天。他們時不時就會深情對望，甜起來時甚至不顧我在眼前，就擁抱親吻起來。婚姻已經進入第二十個年頭，怎麼還能保持著這樣的熱度？有回下課，我偷偷問H先生，到底維繫他們關係的法寶是什麼？為什麼感情可以這麼好？

親切的H先生有如頑皮大男孩，拉著我在課堂外的長椅坐下來：「我很幸運，因為娶到了一個愛與智慧、堅強與溫柔兼具的好老婆。」他們相識於學生時期，幾年後他成了電機工程師，老婆則成了家庭醫生。

不過他的求學與就業之路並不是很順利，過程裡甚至有轉職與失業等不同插曲，但身為另一半的老婆，卻從來沒給過他負面的壓力或要求。反而溫柔又耐心地不斷提醒他，他那麼棒，一定會找到出路的，只是需要時間的熬煉，不急不急。老婆說：「你這個階段不夠好、不夠順利、不夠成功真的沒有關係，生命的低谷裡，就好好靜養充電，別給自己太多標籤與壓力！」

H先生說，他其實不是一個有自信的人，但男人真的很在乎是否能讓另一半看到自己在事業上的成就與成功。在他不順的那個階段，老婆對他的欣賞與尊重完全沒動搖，甚至還要他多休息，那時他深深覺得從另一個人對他的包容信任裡，迸裂出一種寬厚堅定的愛。因為這個女人的愛裡包含了智慧，她對生命的視野不是短視近利，是她的遠見成就了婚姻二十年長遠的美好幸福。

男人這種生物其實很好搞定。男人的自尊等同男人的命根子，一個女人對他的欣賞與尊重，猶如加了魔法能量的油，會讓男性全身帶勁，覺得一定要更努力，用盡全心愛護身邊這個女人。每一個大男人裡都住了一個相當脆弱的小男孩，有智慧的女人會知道如何拿捏分寸，在這個非常時刻裡，繼續愛著並相信這個男人，成為他另一個堅強的肩膀，而不是看不起外加數落，用另一種激將法來鞭策男人的上進心。

我想起年輕時的自己，常將職場上的幹練不自覺地帶進關係裡。某任男友個性本來就比較陰柔，因此我們之間幾乎都是我在主導與掌控。後來我們分開了，當時不成熟的我，還覺得是對方不夠男人味，制不住我這個又野又強勢女人的悍。那段感情的結束並沒讓我學會教訓，後來在另一段戀情，我那愛掌控又過度付出的習性，碰到一個完全脫軌的男人，可以想見兩人的關係變得非常緊繃，令我幾乎要抓狂，戀情越走越不順，最後下場一樣是分手。

一年後這位U先生，某回寄了他跟新女友的照片來，當時我也已走出情傷，看著他們甜蜜的合影，真心覺得他的新女友真配他，那個女孩溫柔依偎在他身旁的嬌媚樣子，讓我情不自禁喜歡上她。看著那照片，我突然問自己：「我的溫柔、我的女人味跑去哪裡了？」那段時間，這個疑問常掛在心頭，直到有一回從印度旅行回台灣，在飛機上遇到一位年約五十的大姊姊，我們一見如故，聊天中聽到她美好的婚姻，難免好奇：「到底該如何在一段關係裡，發揮對的女人味？男人到底喜歡跟什麼樣的女人在一起呢？」

大姊姊溫柔一笑，想也不想回我說：「記得所有的男人，都不喜歡聽到他愛的女人對他說『你不行』，不只在床上，在生活及工作的表現上也都不要說這句話。」男人真的需要另一個女人的崇拜與欣賞，更坦白說就是要刻意在男人身上，找出十點你喜歡的部分，然後不斷不斷，反覆練習向對方說出你對他的欣賞跟崇拜。

對一些獨立新女性來說，這樣好像有點自我降格，但大姊姊認為，女人再有能力再獨立，不管是身體或情感層面的結構就是女人，女人永遠需要男人的溫柔與疼惜呵護，這跟女人獨立並不違背。你可以是一個在事業上成功能幹的女性，但同時仍可以好好享受男人對你的寵愛，這不是很棒的兩全其美嗎？

雖然現代男人思想開放多了，但別忘記男人的生理構造、情感層面，極需要女人給予他們高度的欣賞與尊重。該需要男人幫你做的事，可要自覺放下事業上的精幹，適度裝傻，向另一半撒嬌，讓他為你一展雄風。男人可是很享受被他的女人需要的感覺啊，如果不留機會讓他展現，某天很有可能，他就去找另一個女人讓他發揮雄風了。

那一趟飛行竟意外上了一堂免費的關係相處哲學課，所有的叮嚀與告誡全放在心，後來被我拿來運用在婚姻裡。記得婚後前兩年，刻意收斂自己的強悍與控制個性，真的渾身不對勁不暢快。後來弄假成真，時間久了發現那些話果真讓我的婚姻關係越來越甜蜜，此刻對另一半的疼惜照顧可是相當感謝與享受。

以往我那非常不甜的嘴，更在這段親密關係裡，修練成隨時對另一半表達對他的崇拜與欣賞。每天都可以挖掘到讓人欣賞的小地方，例如先生在廚房為我們煮飯、或他對恩典的教養對話、或在木工上的才華、或愛妻愛家的種種小動作，對我來說全都好有男人味。

奇妙的是當我越欣賞尊重他，他就越將我寵在手掌心。他不只一次得意地跟公婆與朋友說，這輩子遇見了我，是最棒的奇蹟與福氣，因為他娶到一個懂得激發他，尊敬並欣賞崇拜他的老婆。讓他的人生得以從一事無成，慢慢開花展枝，獲得了好的工作、有個可愛的兒子、居住在一個和善的住宅區。他說，如果沒有這個老婆，他應該仍是十年前，那個對生命迷惘不已的男人。聽到他這一番話，做老婆的心都快化掉，趕快獻上親吻與擁抱囉！

大腿。關係的甜蜜心機不可少，先生公司裡帥哥美女如雲，讓我看得目不轉睛，真是賞心悅目，但我優雅坐在大廳旁的咖啡座上，覺得自己一點也不遜色！

我曾經碰過許多超級美的人，卻很坦誠跟我說，她們很沒自信；而某些稱不上美女的女性，反而自信滿滿，覺得自己美。那些女性的魅力來自個人獨特的樂觀或風趣，狠狠吸引住大家。慢慢地，我發現自信跟美有關聯，但美卻不是自信來源的全部。女人屬世的巧妙心機是，不管男人會不會被你吸引或愛上你，如果知道自己內涵豐富，但外表還沒達到讓自己有自信美的感受力，那麼就該刻意花更多時間，用心學習關於女性儀容的修飾，讓自己的外在變得更美；而顏值高的女性，就刻意花更多時間往內在修練下功夫去。

雖然本人沒有德國女人高䠷身材、立體精緻五官，但我熱衷當個中等美女。個性開朗，能搞笑很愛演，可以上談修行，下談環保生態或文藝，懂得將生活過得精彩有趣，能文能武！這些可都是老公說的。他曾經跟我提到，現在的他比十年前命好，娶對人就是在造命。

年過四十的人都漸漸懂得，生命的造化沒有那種從天上自己掉下來的奇蹟。生命裡千迴百轉，如果沒有透過層層次次的智慧與心機，怎能邁入柳暗花明又一村的感悟呢。年輕瘋狂歲月，從那些失戀痛苦學習到最重要的學分就是，再愛一個人，都不能將自己的火光熄滅了。關係裡啟動雙方幸福的元素，第一把鑰匙就是不再將對愛的期待百分之百掛在對方身上。

我們向外尋的愛，可以自己給自己嗎？如果從來不曾深愛過自己，欣賞過自己，自然會無意識地渴望另一個人為你的愛負責到底。

B問我老公為什麼對我的熱情仍不滅，我說：「也許是我又活回當初結婚前的模樣——對想要完成的夢想任性又堅持，行動力十足；對生活永遠有探索不完的好奇與熱情，這些都是不斷吸引老公對我的好奇的原因。不過這點就跟心機無關，完全是個性使然，我無法成為一個一成不變的女人，不發展自我。」

「你那麼享受自我發展，老公會不會覺得你很強，應該不需要他了吧！」這一問真是切中要害，因為這一個世代的女性，真的是一個女性可以撐起一片天的時代。尤其在東方，透過媒體的強化，也將這樣的女性刻意畫上女漢子或女強人的稱號，好像事業上發展特別好的女人，就該跟好姻緣斷絕關係似的。

在德國定居十年，身旁的諸多女性友人，個個幾乎都在自我專業領域裡發展得相當精彩，她們的獨立與自我價值光彩，並沒有影響到同時可以享受一段陰陽和鳴的幸福關係。所以千萬不要被那些稱謂框架住，我相信每個女人都是大女人與小女人的雙生結合，該在專業領域上展現力量的時候，怎能畏縮？當大男人展現陽剛幸福抱著你時，怎能不好好享受當小女人的溫柔甜蜜呢？

每一個男人裡也住了一個大男人跟小男人，男人的事業與老婆都是他的大男人面子，看懂了就給他光彩。大男人下了班後，如一只洩了氣的皮球，回到溫暖的家窩，偶爾躲進他洞穴裡玩手機遊戲。那三十分鐘的小男孩時間，就別叨唸他了，孩子睡了，老公盡責工作一整天，謝謝他一下，親他一下，老婆我趁他打電動時，敷面膜啃書去囉！

女人的巧妙心機是，認出這個男人在生活裡的脆弱與優點，挖出他讓你最欣賞與尊重的，在他發表高見與遠見時，當欣賞他的聽眾；不懂的生活常識或事業上的瓶頸挑戰，讓他幫你傷傷腦筋。承認生活裡你真的需要他的支持與力量，你也依賴著他，不忘將對他的感謝常常表達出來。那巧妙心機更是將婚姻經營得像在開心遊戲一般，將世俗的夫妻關係，最底層的柴、米、油、鹽，全料理上魔法金粉，親手一揮，轉變成生活裡一篇篇幸福的小詩。

那天跟先生到C家拜訪，聊到某個話題時，先生話匣子一開竟滔滔講了一個半小時。我坐在他身旁聽著他論述的觀點，老實說，有些地方我跟他是非常不同的，但當下我沒當大家面說出來，望著先生的眼，意氣風發侃侃而談，還真是滿帥的。眾人的聚會，我也不會是那個不說話的人，隨心隨意，觸動我心的話題，當然渴望來場火花對談，而發懶時就關起嘴當聽眾也挺享受的。

而男人發表高見時，就給他舞台吧！那晚回到家洗完了澡，兩人都卸下了生活的面具與妝，房門關起來，兩人的大床上是另一個熱鬧論壇台，常常與老公睡前無所不聊。這時才將剛剛在C家，我與他不同的想法敞心暢聊一番。在外他是主，那面子一定要給他，但回到家我可是女王，我的看法與論點他也得給我聽一聽哦！

習慣性的情緒咆哮是關係的殺手

密集的情緒咆哮往往會讓關係快速進入亞健康體質，變成最強悍的幸福殺傷力，好友S與T就是最直接的例子。隔了七年，S好不容易開展出一段新戀情，他與新女友熱戀的初期，我們一票好友還約了他們一塊去爬山，當時感受到兩人的濃情蜜意真是化都化不開。沒想到才一年兩個月，我們約他跟女友再去爬山時，S卻說上個月分手了。這回只有他一人來參加老友八人小組的登山行。

那天長達五個小時的登山行，先生與幾個超過二十多年的老友們，關注焦點都在S的戀情動態。好不容易隔了七年終於又動了凡心，到底是什麼原因讓戀情這麼快就破局呢？S說戀愛甜蜜期半年一過，女友對他的要求越來越多，例如上班期間要準時跟她報告在做些什麼，如果下了班沒跟她一塊，要每個小時報平安。一開始他都照著做，但有幾回漏了她期待的回覆，女友開始常常變得歇斯底里，見了面或在電話裡總是吵個不停。

這種情況越來越頻繁，他開始受不了她每天的情緒咆哮，乾脆躲起來讓她聯繫不到，結果極端的迴避，竟讓她直搗他家。那晚兩人情緒失控，她罵他又懶又不知上進，腦袋頑固不化如老頭子……S知道自己有缺點需要改進，但他無法想像要跟這種情緒如雲霄飛車的女人共度一生，當晚在她無限上綱的咆哮後，他粗魯地將她請出家門，跟她說以後別再聯絡，就此分手吧。

S才吐完苦水，T似乎特別有感地回說：「兄弟做得好，你的決定是對的。」原來他在遇見自己的老婆前，曾有一任女友個性跟S的前女友滿像的。T說，其實那任女友的條件或興趣跟他都很接近，但這個女生有個狀況是，每一回在他們感情最好時，就開始在美好的大藍天裡，神經質地想像密布的烏雲，對他總是疑西疑東。說什麼雖然他們感情很好，但她仍不相信世間有真正美好的愛情與婚姻。

那兩年裡因為他很愛她，一度認為可以改變或拯救她，但隨著雙方深入交往，有機會正式接觸到她的雙親，他才發現原來她對感情的悲觀來自離婚的雙親，當他去拜訪她的家人，親眼目睹了父母雙方情緒激動咆哮的互動過程。事後好幾回他提醒她在關係裡的情緒模式跟她爸媽很像，如果可以透過高度的自我覺察與療癒，仍然可以創造與她父母親不同的生命故事版本。

聽到這一段，大家在登山途中全都慢下步伐來。T說扮演拯救英雄的戲，到了第二年就漸漸荒腔走板，他發現自己不但沒幫到對方，還被對方的情緒影響，慢慢在關係裡動不動就上演誇張的情緒咆哮劇，變得越來越不快樂。身旁的朋友都提醒他，要好好思考是否要再繼續這段感情。T當時因為已經三十五歲了，想到未來要成家的目標，突然感受到時間不能再蹉跎下去，毅然決然跟對方提出了分手。

結果對方的情緒劇碼再顯張力，一哭二鬧三上吊全祭出，嚇得T迅速搬離原來的住所，刻意離開女生住的區域很遠，連工作索性都辭了。後來在另一個城市開展新生活，在下班後的拳擊運動課裡，結識了現在的老婆。T說原生家庭對人的影響真是一輩子的，他老婆的個性很開朗，主要是她的爸媽給了她一個安全感十足、充滿信任與愛的成長背景。他說兩個女人的情商差異太大了，他們夫妻的相處即使有差異衝突，偶爾也會有小吵架，但從來不會上演那種張牙舞爪、動手動腳的情緒咆哮劇。

聽到已年過四十歲大男人們，經歷習慣性情緒咆哮女友的戀愛學分故事，我想到治療學家傑弗瑞．E．楊博士曾將這種反覆而具破壞性的行為模式稱為「生命的陷阱」，他提到我們在感情上的模式，往往都來自童年的重複經驗。我們在長大成人後，會無意識地複製父母婚姻生活裡的情緒模式，並且在無意識中尋找類似父母親的熟悉原型，當作自身的交往對象，即使我們深知對方會帶來痛苦，許多人仍無法自覺到這生命的陷阱效應。

該如何創造一段美好的幸福關係，情商的課題修練幾乎是關係是否美滿的最關鍵。而想要破解關係裡的情緒模式，一定要找個時間，安靜地寫下此刻身邊經常接觸的親友與伴侶、同事等，他們的特質與個性如何，你與她（他）互動的特定情緒模式又是什麼？透過這些關係上的反思紀錄，將有機會釐清關係對應上的自我盲點與習慣模式。

情緒智商的健康發展，除了會深受原生家庭父母親行為印記影響外，隨著現代人忙碌生活，壓力焦慮感倍增，所導致的交感神經系統失衡，也都直接牽連到我們每一天的情緒高低。我們每日的情緒高低，其實是由體內神經細胞之間的三種物質決定的，分別是多巴胺、血清素與內啡肽。

要為自己的未來關係創造優質的情商體質，除了必須自覺地療癒跟原生家庭間的情緒模式印記外，回到生活裡，也要記得學習為自己多創造多巴胺、血清素與內啡肽這三大元素。吸收自然陽光有助於血清素（快樂荷爾蒙）的分泌，並可調整睡眠荷爾蒙，使人腦筋變得靈光、心情變好，夜晚更好入睡。讓自己保持規律運動來刺激內啡肽分泌，帶給我們快樂感。另外還需要刻意在生活裡，去從事自己喜愛的事物，這將幫助我們釋放更多的多巴胺。

讓相敬如冰的婚姻重燃愛火

前面分享到習慣性的情緒咆哮，是婚姻亞健康頭號殺手，另一款婚姻亞健康就是相敬如冰、令雙方都食之無味的痛苦關係了。熱戀期的男女，甜蜜幸福滿懷感動，終於攜手進入人生最高潮的禮堂。然而當初對彼此的濃情密意，到底是歷經了哪些轉折，讓愛於無聲無息中，邁入身心無法再交流，同住一屋簷下卻成了冷淡無語的室友關係？

兩人關係，需要相當恆長堅定的愛與智慧，細心呵護用心栽培才能親受那永不滅的幸福火光。婚姻如一家幸福企業品牌，大部分的人可以為了職業戰戰兢兢，積極上進努力不斷。但自家的幸福牌婚姻，卻在婚後沒幾年，要麼懶得花時間心思去經營，要麼就是在成家後，開始歷經諸多魔考而戰敗連連。

關係的魔考類型大致是，第一、孩子誕生後教養觀的衝突，養育孩子的時間分配不公平。第二、雙方各自在職場領域上的發展狀態，是否回應婚姻生活的經營平衡與時間。第三、成家後對應到現實柴米油鹽細瑣生活的分攤職責不均。第四、從單身切換到婚後角色有多少的認知與改變。

以上是四個主要的魔考，我甚至還沒寫出更多成家後會面臨的挑戰磨合，每一道幾乎都需要雙方有共同的意願，針對困難點投入足夠的時間與心思，與對方攜手找出對關係最好的決策與調整。魔考考卷拿到時，如果雙方觀點差異太大，加上事業繁忙，忽視了問題的重要性，那條心與心的交流渠道將會切入封閉狀態。

此時只要有一方的心封閉不願意談，感情動能的熱情與愛也將隨之慢慢枯萎凋零。相敬如冰的婚姻，起點從某一方的心關閉了，心裡也認定對方聽不懂或沒時間聽，帶著滿滿的悶氣放棄不說。隨著時間積累，內心的不滿越來越多，但又覺得離婚太麻煩，或有其他不想分開的種種原因，漸漸將婚姻推進食之無味棄之可惜的後果。

老實說在自己十年的婚姻生活裡，也曾經歷過某個階段的相敬如冰。那個時候的我身心很疲累，需要適應異鄉生活、學新的語言，孩子出生後兩年，心中常有那種自己的生命價值全不見的恐慌感。因為不想破壞關係，一直要求自己要當個好老婆好媽媽，看到先生下班回來，也將那些在異鄉的失意感受往肚裡藏。後來步出家門，開始去上瑜伽師資訓練兩年，那段期間密集地練習瑜伽，慢慢地釋放出很多淚水，也才看到自己有很多的不允許。

隨著瑜伽身心之旅的開展，終於鬆動了我壓抑的個性，大方自然向先生談及內心的感受，還有生活裡那些彼此間的差異如何調和。那一點一滴的破冰，除了需要勇氣十足，同時我也看到就是因為愛先生，所以我寧願面對破冰過程，可能會發生的對話衝突，和磨合彼此稜角的酸楚，也要拒絕再回到那種不冷不熱淡而無味的關係裡。

漸漸地，因為闢開了新的溝通渠道，意外發現原來關係的罪咎，很少是單方的。我看到自己以前腦袋裡固執認定的信念：先生如果愛我，就應該懂我所有的心思與回應。後來發現反應、回嘴比我慢五倍的先生，如果我不說，他根本猜不透我心裡在想什麼。幸好我擊破了自己腦袋瓜裡頑固的信念，採取更多主動的分享與交流，也才有更多機會聽到先生真正的想法。

只要能說出來，那些彆扭冷戰就沒有機會長成關係裡的厭氧病菌，亞健康關係如中醫調身，要進補前一定要先將不好的毒素洩掉，如此關係才有新的空間去涵養新生開朗的好菌，慢慢將體質往健康躍進。

關係的幸福美好，從來不是套上婚戒就能擔保永遠四季如春的明媚幸福。除了我自己歷經過這種食之無味的關係破冰，身邊幾對朋友也分享過他們親密關係裡相似的處境。所以看來成家後，現實生活會面臨的諸多魔考，每一道都有可能將關係推入冰點。

但只要利用一些手段，來個破冰魔法術，仍可以調理亞健康關係，讓往日的熱情死而復活。以下是幾個去冰魔法術：

第一、請務必將婚姻當成一門事業來經營，將平日那份願意為事業付出的努力與心智放進婚姻裡，即使結了婚一定要持續花時間去了解男女差異，吸收學習相關的書籍與進修課程。

第二、男與女的差異需要被尊重與了解，男性需要學習對女性更多真正的傾聽，男性為女性在生活或家事上所給的點滴付出，都會讓女人感到幸福與被重視的感覺，男性進入婚姻後不要忘了，那份幫老婆在小事上的用心，會讓另一半更愛並感激你。而女性需要了解，男性對愛的渴求與表達，常常是透過性愛來打開自己，並感受與伴侶的深度聯繫與親密感。

第三、刻意去培養彼此共同興趣，雙方可以保有自己的嗜好與興趣，但也請刻意去培養彼此二到三項共同興趣。以我自己為例，認識先生前我是一個不看科幻片的人，但因為愛他想了解他的世界，我練習跟他一起看科幻片。後來發現自己也喜歡上星際大戰一系列的片子，跟著先生追了很多科幻片連續劇，晚上的追劇時光裡，真實感受到彼此的開心並能暢談。

第四、與伴侶有更多身體上的擁抱、親吻、性生活，身體上的接觸，是最容易重燃愛火與熱情的方法之一。

第五、不定期刻意將工作與孩子放下，安排兩人的約會時光，這一點對現代忙碌夫妻來說更是重要。一周至少一個晚上的小約會，一起在家看電影，幫彼此按摩或泡澡。一個月來個夜間酒吧小約會，或電影院老派約會，或雙方輪流為對方安排一日驚喜小旅行等。

這五個破冰的小手段，需要雙心同下承諾，秉持不滅的熱血與堅持，不出三個月大家一定會感受到，那個熱情又溫柔的他歸隊了，那往昔浪漫可愛的她也滿臉甜甜地回來了。

別將男人當成兒子照顧

一段關係若想變成雙倍的幸福，那麼學習成為另一半最好的朋友、偶爾豁出去當他的野性情人、或暖心地成為他生活上的創意夥伴，都可以成為雙倍幸福升溫的選擇。但如果女人母愛大發，以為奉獻付出，就是幫他打理所有大小事，毫無保留地給出自己。長久累積下來，除非對方是一個懂得回饋感激的男人，否則母愛無限上綱的發揮，滿多男人除了習慣沒感覺，還嫌女人囉嗦。

面對先生與兒子必須要有兩套思維運作。舉例來說，兩人一大早要出門前，我對先生說，老公祝你有美好的一天，工作順利開心！但兒子出門前，我是提醒他，兒子啊，你今天要上游泳課的泳褲帶了嗎？書包裡課本都帶齊了嗎？

忙了一整天，兒子與老公分別回家了，老公一回到家，先送上親吻與擁抱，但不問他工作順不順利，因為哪一個男人不是一早出門如英雄，晚上回家變狗熊？此時就別太囉嗦。但在晚餐飯桌上，我會跟他說，老公今晚要繼續追我們的劇《冰與火之歌：權力遊戲》喔！這時疲累不堪的他馬上雙眼發亮，連說了五聲Yes！但是兒子下了課回家，我一定會問他今天學校都順利嗎？再繼續追問，寶貝你今天數學考得如何？家庭作業都完成了嗎？一家三口如要出遠門旅行前，老公的行李一定自己整理，兒子的則由我張羅。

從上述對老公跟兒子互動裡，可以發現面對年紀還小不夠成熟的兒子，我嚴格與管控成分居多。這幾乎是每個當母親無法避免會表現出來的態度，但如果女人不自覺將這種方式放到兩性關係裡，除非對方本身就是戀母情結，特別愛這一味。否則一般男人遇見將自己當兒子照顧的女性，久而久之一定受不了嘮叨與管東控西，覺得自己好像是跟另一個老媽子結婚，以致失去對關係的熱情與美好期待。

母愛型女人的特質相當好，在關係裡並不需將這本質丟棄。但前提是務必了解清楚，自己到底是發揮了母愛的正面還是負面特質呢？母愛的負面特質是嘮叨，反覆提醒與碎唸，希望自己在關係裡是主導，掌控全局。這些負面的特性，常會讓身旁的男人感受不舒服。而母愛的正向特質是，雙方敞開真誠溝通，沒有較勁，只要是對雙方都好，就是好決定。當家庭裡成員陷入低潮困難，那母愛正向的溫柔支持，打氣鼓舞，先見之明的智謀，都是女性們為家庭注入如虎添翼般的向上精神力。

在關係裡大發母愛的女性，通常都太容易為對方想，比較不是先想到自己的需求。善解人意、設想周到，這種特質拿去發揮在公益活動，讓情感得以流動疏通是相當棒的。不過回到關係，最好狠心一點，將澎湃大愛打個六折，學習用涓滴細流的愛，來調和你與他的陰陽失衡。

長期將男人當兒子照顧的女人，婚姻都有些共同點，那就是她們都不太敢要求男人，也常將自己當成男人來過生活，總是在生活每個面向特別的辛苦與拚命，忘了自己不是男人是女人。女人本質如花，非常需要自己跟另一半的滋養呵護與疼惜。有時要她們花錢在自己身上，可能想了好幾天，但為先生與孩子花錢卻相當阿莎力。

母愛過剩的女人，很容易寵壞男人，另一個迫切要看清的真相是，女人也要為這失衡負一半的責任。因為當你將所有事都做盡，連同他那一份都搶來做，那等於拆了男人要登場的舞台。從現在起，別再急著如牛一般做不停，練習讓自己處在被動，同時刻意創造不同機會，讓他來為你做些什麼吧。

電腦的問題、工作上的煩惱事、放太高拿不到的東西，就撒個嬌請老公幫忙一下吧。車子即使沒問題，也可以故意跟他說：「老公我的車最近開起來有怪聲音耶，我好擔心有危險。」或者直接一點，向已經習慣不在關係裡創造浪漫的他，大膽提出你渴望的驚喜與回應。辛苦的女人啊，不要以為你的不要求不渴望，會讓對方感激你，有時你的小小故意刁難，忽來一段的難伺候，都會激起男人的雄心壯志，刻意讓他為你做一些事，會讓他有被需要的成就感。

記得給彼此最溫柔的下台階

從健身房回來，買了要做握壽司的素材，抵達家裡已快中午一點，先生正在廚房煮義大利麵，他一看見我袋裡的食材，有點生氣地跟我說，你如果開始弄握壽司，恩典就不吃我煮的中餐了。「老公，我有麥麩過敏，無法吃你煮的義大利麵，我運動完，順便去買了中餐要弄的東西，沒想到你已經在煮了。」因為老公仍在氣頭上，而我運動完心情大好，所以沒回他嘴。

過了一個小時，先生突然跑來跟我道歉，覺得剛剛廚房的小火插曲是他的錯，他覺得更好的處理方式是，我將握壽司做好，放上餐桌，全家三人一起享用義大麵加握壽司。我笑笑說，老公越來越開竅哦！我大人不計小人過，照例往常，單膝下跪跟老婆道歉一聲，彼此罣礙一筆勾銷。

老公一聽知道那是我們給彼此的溫柔台階下，大男人嬉鬧式的下跪，故意發出跟老婆求饒的道歉聲，雙方的僵局很快就打破，又回到日常的甜蜜開心。這一款搞笑版給對方下跪，是我們雙方幫彼此創造的溫柔下台階，平常如果是我犯了錯，惹得先生不開心，我也會祭出這招。

認真仔細回想，關係要來到懂得給彼此溫柔台階下之前，可是歷經了很長時間的彼此情緒接納與探索。前幾年的磨合期，遇到雙方不對盤，火氣大的先生，情緒模式就是立刻將炮火射向老婆與孩子，而壓抑不想傷和氣的我，情緒模式就是一直隱忍。在婚姻進入第五年，我步出了假裝和平的隱忍，開始與先生真實對話，允許自己流露出生氣或不滿，我知道屬人屬世的生活裡，自己是可以在不傷害他人自尊的情況下，流露表達出我的不舒服或真實感受。

那一回我勇敢地向先生表達了，他某些時候的火爆情緒，確實需要管理一下。跟他提起這事，心裡其實是皮皮挫，但我知道真實的關係，需要練習坦承，互相砥礪。我寧願一年裡頭偶爾來個幾回熱吵，也不要再回到從前那個冷冷冰冰、一切心事向內吞的我。

就在向先生坦承我的真實想法後，先生也開始直接提出我在家事上需要再改進的地方。當雙方毫無保留地說出對彼此的不滿時，心裡還真不好受，自尊有受傷的感覺，但冷靜後的我們卻深知，關係要深入，彼此的稜角與缺點就需要再度修潤。

熱吵式的溝通一年有幾回，我將其美名為「建設性地吵」，有幾個前提需要注意一下：

一、不作人身攻擊，譬如罵當初怎麼會嫁你這種笨蛋，或瞎了眼娶了你之類的傷人幼稚話。

二、不提陳年舊帳。

三、沒有情緒與肢體上的暴力，譬如故意搞冷戰完全不跟對方說話。

四、吵完後一至兩天，一定要給彼此溫柔台階下。記得情緒的餘毒最多不要放超過兩日。

五、冷靜後，請再對談一次，千萬不要再將舊問題冷凍起來，浮出檯面的問題，請繼續溫柔攜手向前，分享心裡的話，然後聊一聊可以調整改變的因應之道。

舉例來說，針對先生對我家事處理能力問題，為了因應龜毛先生對家庭環境的完美要求，我的對策就是弄一張家事分配表，清楚地將家裡三個人該負責的範圍劃分出來。而我的調整是養成一天完成三小件家事的習慣，可以在寫稿休息之際，順手將地吸一吸，洗衣與晾衣，照顧一下陽台的小花小草等等。有了邏輯清楚可行的因應之道，加上希望關係更融洽，曾經讓我們常吵架的家事能力，五年後的此刻，已調和到平衡的狀態。

而針對先生的脾氣練習題，這比較不像家務可以理性處理，我是他最親近的人，最明顯可以感受到他情緒的波動。我仔細觀察有哪些狀況會讓這位仁兄發火，慢慢地我看懂了。大部分男人在職場上都需要如鋼鐵人般，成功完美地擔當職場上的角色，那些往內積累的壓力，男人無法像女人一樣只要跟姊妹淘講一講就順了。男人的不順心，其實不想被老婆看見，但那股壓力還是在，所以有時回到家一鬆懈下來，可能孩子一個小吵鬧，他就可以在一秒內被引爆。

看見這個情緒的關鍵點，身為家人難道就只能隱忍嗎？我沒有選擇隱忍，當他不合理地將情緒發在我跟孩子身上，我會直接冷靜跟他表明，這樣對婚姻、對親子都不好。漸漸地，我也找到了可以協助他疏通工作高壓的妙方，這兩年我開始上健身房運動，也幫先生繳了健身房年費，刻意要他下了班後，不要只坐在沙發上當馬鈴薯，離開家一下，去養成健身習慣。結果六個月後，先生愛上運動，背痛不見了，運動完回家，心情變得更加穩定與平和。

後來我又推著他去參加了十日內觀，回來後他跟我說，生活裡那些大小發火，是他自己龜毛與固執個性造成的，有了自覺後的省思，關係自然地進入到更多的溫柔相惜。

每一次關係差異調和裡，我們都不忘為彼此鋪陳一段段溫柔的下台階。不忘當年結合的初心，永遠願意在愛裡，提煉自己的智慧並給出肩膀與相信。成熟的關係，是一次次地融化彼此，一次次在陰陽裡融合相生著，恰如大地的陰陽之歌，有四季的起承轉合、有黑暗穿越、有沉潛省思、有夏日綻放的芬芳，並充滿陽光與徐徐的笑靨。

先生在德國的一家大公司當職員，進入婚姻的前半期，家裡經濟來源大都以他為主，為了買房計畫，他覺得需要再去念個專業證照，為買房基金增添籌碼。那一陣子我看他下班後，就急著去上夜校，回到家後人都累癱了，然後恩典又特別黏爸爸，他也總是在忙碌之中擠出時間陪兒子。

兩個月後，我找了一個晚上跟先生說：「老公，你的念書計畫如果太累，或念了覺得不適合你，你隨時可以停掉，不要再念，我絕對支持你。」然後也跟老公說，以前家裡的經濟是他撐著，現在就換我重出江湖為這個家盡心力吧，我可以帶團旅行，這樣就能一起分攤買房基金。這番話跟他講了至少不下五次，我知道男人的事業發展，就是他們面向世界的英雄面子，如果我不幫他搭好這溫柔的台階下，他可能會硬撐到自己都病倒了，就太划不來了。

跟先生心靈喊話到第五回，他問我說：「老婆，如果我真的不去念了，你會不會看不起我，覺得自己的老公不是高階主管或收入很高，很沒面子。」我說嫁給他這十多年來，從未將他跟別的男人比較過。如果有比較，那就是我看到老公比其他的男人，更願意對老婆與孩子花時間與用心。「別忘了你努力的成果，你每天一早七點戰戰兢兢上班去，讓我們一家住在美麗的住宅區。我們每一年該去旅行、該過生活的費用從沒不夠。而老公你怎麼不會是大老闆，我們家你就是最大的老闆啊！至於你的收入怎麼沒有很多呢？你有三八又可愛的老婆陪你，有將你崇拜到不行的恩典，享受著跟你的親子生活，我們倆就是你人生的最高幸福收入啊！」

先生聽到老婆一番無厘頭又窩心的心靈喊話後，在念到第四個月，體力無法負荷下，停掉了進修課程，而我也履行了重出江湖的計畫。

夫妻裡的溫柔下台階，來自有先見之明看到幸福的全觀圖，一定要學習不能近視短利，需要在舊與新的生活目標抉擇裡，選擇那個對雙方生命發展都會變得更健康快樂的新里程。

PART 3

幸福，需要長期練習

婚姻健身肌肉衣，需要紀律與堅持

去年開始又回去健身房運動，為自己訂的運動契約是一周至少上健身房三次。這一年裡不管下雪天，月經日的不舒服，或因為懶性上身發作，這一回終於不再是隻弱雞，任由外在與情緒起伏因素困住，每一回惰性吃掉我之前，趕緊化身成閃電小飛俠，帥帥地騎上單車飛奔健身房去。

健身房裡有個法國老太太J非常優雅，經常穿著修身版的運動服，臉上的淡妝與單顆亮眼的珍珠耳環，總是俏麗得讓人目不轉睛想偷偷多看她幾眼。好幾回我在健身器材上，失魂般的欣賞著雖有皺紋，但老得高雅如百合花的J。那天她在我身旁故意小小聲竊語：

「有沒有覺得上健身房跟經營婚姻其實滿像的？」

健身運動與經營婚姻之間的關係？這兩件事之間的關聯性在哪呢？我乍聽時還真的不明白。她放下手裡的啞鈴，拉著我到健身房的休息區坐下來小聊。她說：「你想想看，這些女人刻意每周三天來健身旁的目的是什麼？大部分的人除了希望透過健身，獲得健康活力的身體，最重要的是希望自己保有緊實的身材，但要享受這般的成果，代價是數十年如一日，數千次地去對抗人性先天上的惰性，要與惰性相抗，肯定要有相當的紀律與堅持行動才行。」

J說她健身三十年了，至今每一回要出門前，懶癌小惡魔還是會跑出來擋在她家門口，小惡魔說，J啊，今天天氣不好，不去一次可以的，何必如此嚴格？小惡魔說，J啊，今天不明原因頭痛，就取消一次也沒關係啦。J說她嫁來德國三十年，至今與先生感情仍好得很，她露出得意的神色笑說，其實她是從上健身房三十年裡，體會到健身與經營婚姻的共同之處。

人生的好壞成果，仔細想想全來自一次次的選擇與行動，上健身房的紀律與堅持，可以如法炮製放在經營婚姻上。一段婚姻如果沒有來自兩人守住相同的承諾與決心，沒有紀律性地去挖掘對方的優點及擴大它，很多美好的東西，隨時都會被人性弱點攻陷，如看不起對方、批評不斷、嘮叨成性、外遇問題等。

J說，專屬於婚姻的健康肌肉衣，與上健身房的自我要求是一樣的，當我們重視這件「事」與這個「人」，我們下定決心要花時間，去訓練自己與陪伴對方，我們下定決心要讓這個婚姻不崩壞，那麼到老都該努力維持著緊實健康的肌肉身形。

透過數千次的付出過程，我們創造了共同的幸福體驗，所以當日常的起伏來臨時，當那看似詭異多端無常包圍時，婚姻裡牢固的底蘊，肯定會比一般的伴侶多出許多鎮定的能力，仍可以在迷霧森林，握住伴侶的手勇敢繼續往前行。

想不到我暗暗欣賞的J，今日突然神來一筆，跟我分享了她經營婚姻的武林祕訣。騎著單車回家的我，耳旁仍是她人生精華的娓娓細語。紅綠燈號誌閃爍的前方，是一個十字路口，車要選擇往哪個方向前去，是左或是右？我真心覺得和婚姻一樣，都是人間的超級大魔考。

很多人的婚姻會失敗，或許不是單單嫁錯人或娶錯老婆這個簡單理由可打發。捫心自問一下，在職場與生活其他面向的我們，總是友善客氣又熱心助人，而且還時不時地要求自己，當一個稱職不斷精進的人。但唯獨婚姻，大部分的人進入之後，心態上反而變成婚都結了還費什麼心，然後任由生活的大小瑣事，腐蝕掉一點一滴的幸福甜蜜。

我們似乎在浪漫蜜月期後就忘了，愛是動詞，愛需要付出與經營，就如J跟我說的婚姻健身肌肉衣，幸福養成之路，需要一輩子的紀律與堅持，永不間斷地對抗著我們的小惡魔。這人生超級大魔考，除了灌溉與努力，還需要拉智慧與覺察兩兄弟當守門人，戀著練著，將有機會遇見彼此可嘆可敬的幸福潛力。

原來崩壞版本會在婚姻裡，被惡魔主宰放大對方缺點的喧囂，可能因為智慧開展，轉化成有意識地選擇專注放大對方的優點。即使處於快要看倦對方容顏的漸老時光，仍決定選擇跟同一個人，長長久久地繼續馬拉松愛戀長跑。

美食男女的共享歡愉

連帶了兩個自己的旅行團，工作出差的每一個晚上，都會打電話給老公，分享當日帶團發生的點滴。旅行團快結束前一天晚上，他問我回家後有沒有什麼想吃的東西，他可以特別幫我料理，我說想吃冬粉湯。

結果那天回到家，打開家門，看到細心的他已將家裡打掃得乾乾淨淨，一如往常我出差，回家總會有美麗鮮花迎接，這回看見客廳與梳妝台上，倚著甜靜的白玫瑰花。

身上還背著包包的我，被廚房門縫若隱若現的香菜絞肉氣味勾喚，放下背包走進廚房，挑了兩只最愛的精緻陶碗，將熱氣騰騰的冬粉湯盛進碗裡。和先生靠坐在大橘紅沙發上，開心至極享受這一碗以愛烹調的冬粉湯。從沙發向前方望去，落地窗外即是淡雅悠閒的陽台景致，這景真是美好，也承載了一頁頁家庭生活，透過美食而串聯聚首的點滴回憶。

婚前的我在台北有十多年上班生涯，台灣外食選擇多又便宜，很少有機會下廚。嫁到德國的前兩年拜訪先生，知道如果有天落地德國，以這裡的高物價，大部分的人早晚餐幾乎都是自行料理，那時早早就跟自己作好心理建設。於是成家第一學分是將文思泉湧寫稿的雙手，激勵有朝一日在婚姻的廚房裡，也可擁有靈動創意如行雲流水般的恣意揮灑。

十年前心頭初萌芽的小願，在每日反覆操練複習下，美食已成了我們一家人學習討好彼此最常端出的拿手戲。例如兒子愛吃水餃，我會不定期給他一些甜頭，刻意趕在他下午沒有學校安親班那兩天，中午十二點半抵達家門前早將水餃餡弄好，期待他進廚房看到水餃日尖叫一番的興奮模樣。

老公討好老婆的擅長戲碼是，每個周末假日比老婆早起一個小時，自在從容地預備早餐的荷包蛋、一壺融入荳蔻粉的阿拉伯風味咖啡、德式麵包與火腿片、婆婆的手作果醬。客廳播放著西洋老式英文情歌，關於老夫老妻的示愛，可以是奢華美景晚餐，也可以如這一般，甜進心頭的老調浪漫派早餐約會。

早餐兩個小時的約會，是我們心靈交流時間，聊環保談政治、說電影聽音樂，深覺這樣的約會，間接建立了夫妻間想法溝通與聆聽彼此的橋梁，有深刻的交流與傾聽，婚姻生活才不至淪陷在瑣碎生活芝麻事裡。

單身時逍遙自在，婚後漸漸明白討好彼此可是件增添婚姻熱度與加分的事。男人的自尊與面子，非常需要老婆巧妙呵護，所以當先生邀請親戚或好友來，他常先誇下海口說：「我家老婆台式料理廚藝超棒，你們來包準享用到難忘的滋味。」當老婆的我心裡早有個底，家宴豐盛菜餚、女主人的魅力光彩、居家場域的清新美好，可都是先生的面子容光。

展開家庭行事曆上，看到那些被註明上去的親友造訪日，除了樂於放送給先生於有榮焉的容光，常常更是被我拿來當成學分臨考的磨練檢測，煮一桌道地的台灣家鄉菜宴請親友，哪怕只是東坡肉、螞蟻上樹、糖醋排骨、蝦仁煲豆腐，我試著每一回看不同的料理影片，自許廚藝更上層樓。

討好如果用對分寸，其實甚可將之詮釋成愛的比例昇華，因著愛所以不敢隨便馬虎了事，因著愛所以細膩規劃，不是以渙散隨便心態去應付。那一天在廚房跟先生一塊煮印度菜，聊起宴請朋友這件事，我倆是同種氣味，要求完美又神經質。

專屬於我跟先生的美食男女共享歡愉，其實是我們禮敬生活的

Ｋ太太穿梭到花園，準備將派對餐食送上桌，Ｋ先生一定趁機摟住她的腰，然後抓起她的手親了又親。

後來我到廚房，看著Ｋ太太一邊忙著料理沙拉醬，臉色紅潤無比，於是故意鬧她：「你們倆是去峇里島二度蜜月哦?!看起來好像熱戀情侶，跟上回我們碰面時差很多呢。」Ｋ太太向來是個直話直說的大方女人，她說過去五年，為了性生活這檔事大傷腦筋，兩人身為醫師與建築師的壓力、加上還要養育兩個孩子，都快變無性夫妻了。後來還跑去找專業的關係性愛諮商師，詢問該如何面對找出解套。

諮商師強烈建議他們，應該要將工作與孩子放下，到另一個新國度、新環境、新元素裡去冒險一下，放開所有既定生活的角色。諮商師說，異國風情是強效催情素，異國旅行是為關係創造新高潮的前戲序曲。兩人聽了這個建議，想到各自剛好都有重要的工作專案在開展，兒子在學校也遇到一個學業瓶頸。就現實種種因素，要將這些擔憂放下，去度假重新找回關係的熱情，這未免也太不理性太超脫現實了。

K夫妻反覆考慮，一直無法下決定。某晚K先生從公司回到家，一進門抱住老婆嚎啕哭了起來，K太太被他嚇到無法說話，只是安靜地讓他在懷裡放聲哭泣。等他稍微平息，K先生說他公司裡的愛將W罹癌兩年，昨晚離開人間了，那個突發的意外，讓K先生痛苦悲傷，但也如一棒打醒了他。

隔日一早K先生在床上握住K太太的手說：「老婆，我們聽諮商師的話去度假，管他性生活會不會死灰復燃，我都要帶你去好好放鬆休息兩周。我來跟媽媽提，請她幫我們帶兩個寶貝，度假的事你都不用插手，我來做所有的安排與規劃。人生太無常了，我們倆都在社會的頂端，要什麼有什麼，但我們這五年卻沒有好好將時間拿來陪伴彼此，W的走給了我生命一課，我想要將時間花費在對我更珍貴的人、事、物上，而老婆你是我永遠的寶貝，我想要跟你再談一次戀愛。」K先生對K太太說的這段話，已是二個月前的事，但K太太回憶起時仍是感動不已，淚水在眼裡打轉著。

我實在等不及想知道後來度假兩周的故事，K太太將兩盤水果端到花園的派對桌上後，拉著我的手在花園前方的白木條椅上坐了下來。我們喝著K先生調的冰鎮果汁，向前方望去就看得到彼此的先生，此時K先生向老婆俏皮眨了眨眼睛，嘴巴還故意翹起來，意思是要親親，一旁的我看得簡直快被蜜水淹沒了。

K太太說，那兩周K先生安排了峇里島旅行。他們的住房門一打開，就有一個室內的小游泳池，飯店大廳外還有一個特大游泳池，在那裡游泳可以將峇里島海景全攬入眼。

整整兩周放鬆愜意的海景生活，與密集的身心調理SPA療程，加上與先生開心暢談交流，關係性愛諮商師開的這帖良藥，真的讓他們愛火重燃。總算暫且忘了腦袋瓜裡老婆老公、爸爸媽媽的責任角色，單純回到甜蜜的兩人世界裡。K太太說完，突然做了一個很妖媚的動作，撫著長髮說，這浪漫假期如春藥，到最後幾天，他們都無法忘情那如火的性生活。

後來更在我耳旁偷偷補了一小段話：「男人只要性生活被滿足了，再來跟他們溝通生活裡的大小事就特別順。」這旅行的突破改變，間接讓他們決定，一年至少要來個兩趟沒有孩子干擾的激情浪漫旅行。至於旅行出發前，兒子遇到的學業問題呢？K太太說，很奇妙的是在他們回來後，發現兒子也突破了課業上的瓶頸，感覺有如漣漪效應，爸爸媽媽的性福難關大突破，感情變更甜蜜，而那個「好」也帶動了兒子再上一層樓！

那天參加K夫妻兒子的生日派對，沒想到會意外聽到他們透過異國旅行，激情浪漫再燃愛火的故事。從他們家回來後，我也將這帖妙方補進自己的婚姻裡，只要跟先生感覺關係生活太枯燥乏味、生活壓力大滿檔時，我們就會刻意將所有事情排開，來個沒有兒子的小逃離旅行。

每一次從熟悉離開，跳進冒險裡，似乎都會重新獲得愛神的加持眷顧，短暫離開，愛侶間心與心變得更靠近了、身體與身體的溫度開始重新點燃。

從那時開始到現在，五年來我們持續關係新高潮旅行，去過法國普羅旺斯、泰國小島、奧地利、瑞士、希臘等。每當我閉上雙眼，心裡頭仍有那異國鹹鹹的海風、沙灘上白星砂與貝殼、普羅旺斯藝術小鎮的點點驚喜、夜裡我們手牽著手穿越過的海灘……點滴浪漫幸福總像海浪般往復湧上心頭。

婚姻內的可行性外遇

「外遇」這兩個字一直被世人當成某種對神聖婚姻的傷害與打擊，但一段原本美好的關係，為何後來會演變成有外遇呢？是因為兩顆心常常溝通不良，把生活過得相敬如冰彷彿室友呢？還是隨著日久習慣，早已無心刻意去創造兩人間的浪漫與綺麗？

我想會外遇一定有各式各樣的原因，但會將關係推入某種僵局，一定是雙方心裡的愛情樹因為少了滋潤，已經逐漸乾枯了。關於外遇我有另一種看法，身為人類，尤其像我這種對生命每個領域都抱有無限好奇心與熱情的人，實在無法想像自己的關係生活，是無趣或只有責任跟義務。

倒不是說我無法擔當婚姻裡的角色，經過十年婚姻磨練，現在的我跟十年前相比，某個部分被德國先生的生活態度影響，已能以腳踏實地的精神管理與掌握家庭的種種面向，和先生並肩成為立家的鋼筋骨架。

從一家三人在家務事上的分配與執行、行事曆上大小的活動安排、兒子的成長細微變化觀察，積極與先生參與孩子學校的活動等等。生活對我來說，除了要認真工作與負起自己的責任與義務之外，我也準備隨時享受生活的各種冒險與樂趣。

外遇的本質其實是一顆心渴望再被另一個全新的人，或被某個巨大的東西煽動撩起，不顧現實地將自己丟進去，重新感受心的滾燙跳動。外遇背後的驅動力，是我們對自身生活不快樂不滿意的哀悼情感輸出。所以，一段關係要走得有滋有味又長遠，我覺得兩人應該要服下這帖妙方，那就是婚姻內的可行性外遇。

所謂婚內可行性外遇，不是離開對方去找另一個人，而是雙方很有自覺地三不五時來個激情小調劑。例如出國旅行，那種跳進新城市的每一刻，就是我們兩個人跟一個新國度的外遇。或者是每個月選一個晚上來個電影院小約會，結束後去酒吧喝喝調酒，那樣的醇情夜就是再度與彼此的短暫外遇。記得有一晚我和先生在酒吧聊了兩個多小時，結束時與先生牽著手走在霓虹大街上，心裡的甜蜜浪漫真是難以形容。我們每個月也會有一日去三溫暖中心共遊，在三溫暖中心多元設備的寵愛滋養下，心重新向對方敞開，平日因生活忙碌而無法深聊的話，可以如遇最佳知音般，彼此安靜傾聽或來場火花對談。

外遇怎能只跟人有關聯呢？對我來說找一座風格獨具的咖啡廳，好好讓自己置身在那個別人創造的氛圍裡，來場跟咖啡廳的外遇，品嘗那種微妙含情脈脈的粉紫紅氣味，都可以讓我陶醉很久。外遇不該只是發生在人跟人之間，當我走進一大片森林，心與靈都如長了翅膀，開始在樹梢裡發出清脆又嘹亮的歌聲，那一刻我的身體有戀愛的感覺，甜蜜又安心。

回到生活軌道裡，當我看了一本精彩無比的書，當先生看了一部動人心弦的劇情片，我們會渴望進入對方那個生動的新視野裡，好奇到底是什麼東西觸動了對方的心。而回到工作挑戰裡，我們內心渴望展開的新學習或工作計畫，那份讓人躍躍欲試的火力，那個傾身投入揮灑的熱情力量，對我來說也是一種生命成長外遇。

每個新挑戰讓人一回又一回離開舊的舒適區，每個新開展我們遇見一個又一個新的朋友與合作新可能，生活與工作的外遇，永遠歡迎那些可以為夢想付出行動的勇者。一場新的旅程，很像我們將自己大膽再翻過身來，試著用另一個更多元與不同角度，重新界定自己的生命價值與意義。

關係內的多重人格，對我來說就是將伴侶，除了當成婚姻的共同經營者之外，也與對方以馬拉松式的長跑練習精神，一點一滴改造成彼此的玩伴、情人與知音。我和先生是彼此的最佳生活玩伴，他在戀上調酒那一陣子，總在廚房幫我調不同的酒，那天他調了一杯鳳梨可樂達，開心地端到我面前，問我喜不喜歡這調調，明天要不要再試試另一款的調酒？

他說我是一個生活藝術家，我雖沒有他務實，跟我在一起生活卻好玩極了，因為我經常有很多不按牌理出牌的大小驚喜。我安排的旅行與飯店，為居家美學注入的新氣象，實現夢想的過程點滴，都讓他覺得能與我分享生活，真是一件值得驕傲與幸福的事。

讓生活時時充滿驚喜，就是在創造婚姻內的可行性外遇。每對伴侶都不能偷懶，最好一周服用一次，一個月四次，一年就有五十多回的激情幸福再回溫了。

身體說說愛

有一年回台灣，妹妹邀我跟她一起看《我的少女時代》這部電影，電影裡少女時代的林真心，無法對真心喜歡的人坦露自己的真實感情，欲言又止就是不能在他面前表白。看完電影好有共鳴，因為年輕的我，好像那個林真心，長得醜醜的貌不美，常只能躲在角落偷偷欣賞暗戀的學長。

那一晚看完電影，老公見我滿臉淚痕，問我到底看什麼電影哭得那麼激動？我大概跟他說了一下電影的情節，沒想到他竟然開始發牢騷：「老婆，你確實跟那女主角很像，就是不喜歡跟我表達你愛我。每天都是我在說愛你，給你擁抱與親吻，但你總是會迴避我的表達。」

被他這麼一說我挫折不已：「我對愛的表達方式就是為你做很多事，但不見得會用說的或用身體來表達，因為我爸爸媽媽就是這樣在做的啊！」結果那晚我們吵了一架，心裡多年來累積不敢向對方說的心事傾巢而出。我將在德國異鄉無法突破的語言學習，與生命無力感全部宣洩，他則坦白渴望我能回應更多擁抱與親吻。

那次衝突與溝通讓我眼睛哭腫得像兩顆大核桃，但深埋我倆內心深處的幽暗，卻終於有機會見光了。那些彼此在原生家庭裡，對愛的表達方式或渴望，那些未圓滿的課題，是透過關係以鏡像反射，催促著我們往內走，繼續療癒繼續探挖。我想起婚前浪漫戀愛時，自己對於身體的擁抱與親吻是相當自在的，但為什麼結婚後我卻變了，花了一段時間沉澱後，慢慢從自己的身體狀態裡找出了解答。

婚後的我，很像以前那個在職場上用力想要扮演成功的我，為自己戴上一個武士鋼盔，日常生活裡的兩個角色老婆和媽媽，總是相當戰戰兢兢，一刻都不敢懈怠。以往職場上的戰績被我拿來放在婚姻裡，我用盡許多努力想要撐住內在那個不服輸的我。

那種角色過度用力備戰狀態，是過往在職場上工作近二十年的我，自以為豪、堅毅好強的陽性英雄面。有夜靜心時，我問自己為什麼需要如此努力與用力，然後內在小女孩回我說：「因為我希望爸爸媽媽以我為榮，即使我不是男生，即使我知道媽媽多麼希望第一胎就是男生，但我不是。」

內在小女孩讓我看到，媽媽懷我時有極大壓力想要生男生，還有她心裡很苦，覺得女人的命太艱辛，她怕生了女兒會跟她一樣受苦。母親的苦有來自外婆的無奈，從很小就一肩擔負起出門工作養家的責任，覺得應該要幫外婆分攤所有的辛苦，因此讓她變得像男人一般強悍與異常奮鬥努力。

母親有的我也承襲著，我常不自覺將自己當男人來生活與工作，長期下來的驅動力與行為，身體忠實反應給我，就是僵硬與無明疼痛。當我親手剝開家族史的洋蔥，每剝一層都痛得流淚與顫抖，每剝一層就更同理了母親的苦，每剝一層我潰堤流瀉的淚，如天光瓦解了武士身上一片片的盔甲。

十多年來自我療癒旅程雖痛，但穿越過後，生命送給我很多珍貴祝福。曾住在我身體內的武士某日悄悄離開了，武士的練劍房變成一座繽紛的玫瑰花園，此刻我身體裡住著一位大地女神，她常邀我與她共舞，她要我享受當一個女人，享受女人活出如玫瑰般的嬌豔與柔情。

穿越了女性家族史以及陽性力量過度使用的錯置，後來自己還特別進行了一個小儀式靜心，希望在舊與新的跨越裡，領受家族與上天的護持。在那場靜心儀式裡，想像母親與祖母和我在一起，我在心裡向祖母與母親深深地頂禮磕頭，謝謝她們生養撫育我的付出與辛勞，我尊敬感謝她們，已將所有最多的愛奉獻給我。

我也向她們說：「上輩的苦，我選擇在此打住與結束，感謝這痛帶給我巨大祝福，我感謝母親與祖母，我願意一直為她們祝福禱告，我知道自己可以重新選擇，不重複與承襲那些苦與故事，創造一個新的關係動力平衡。那是一個女人可以在婚姻裡，回歸身為妻子該有的角色，學習欣賞、尊重並感激她的另一半。那是一個女人可以發揮正向的陽性力量，在家庭與先生遇見挑戰考驗時，給出堅定的支持與鼓勵。」

在結束這個儀式後，跟老公深談交流，躺在他懷裡如孩子般放聲大哭，那份穿越與轉化，讓我終於從武士變成了女人，也讓我從小女孩變成真正的女人。靜心儀式如揮別過往的成年祭，從那之後，我的身體慢慢回歸更多陰性的力量，那份溫柔與敞開，也反應在身體上。

療癒之路不是一蹴可及，透過溫柔耐心陪伴自己，一回回地穿越練習，多年後的我，面對身體親密的親吻與擁抱，已不再是當年那個不知所措的我。此刻的婚姻生活裡，每天都主動情不自禁地，喜歡跟先生與孩子很多很多的擁抱與親吻。星期六一早，跟先生在廚房一塊準備早餐，張羅早餐的過程中，我們三不五時就擁抱親吻。

那天恩典一進廚房看到我倆抱在一起，故意很用力地擠進愛的圈圈，然後一邊喊著我是小太陽我也要抱抱，就這樣我們三人抱在一塊黏成一團。讓身體說說愛吧！當我們勇敢面對了內在家族關係糾結故事，身體會自動地說說愛，那將是最自然不過陰與陽共舞的華爾滋。

〔私房．心話〕

身體說說愛，當伴侶的雙手在我們身上撫觸按摩著，那種幸福感受簡直就是愛侶間，身體說說愛的美麗藝術演繹。那天將家裡的按摩油算一算竟高達六瓶之多，家裡芳香儀使用的有機精油也有近二十多瓶。我們這個家除了廚房用油量凶，身體按摩與室內芳香需要用到的油更凶。我年輕時就很喜歡芳療，也短暫擔任過身體按摩的工作，對於自然香味輕觸到身體肌膚的滋養與寵愛感受，至今成了最無法戒掉的甜蜜癮頭。

老公與恩典都跟我一樣，也喜歡按摩與香氛，家裡的精油是我跟先生輪流買，而恩典看著我跟爸爸為居家調香氛，也在耳濡目染下，每回好友來家裡，他總會假扮成香氛大師，在朋友面前耍大刀，活靈活現為芳香儀調起新的居家香氛。

夫妻或情侶幫彼此進行身體按摩，透過身體皮膚這個最大的器官，溫柔細心地撫觸，是最快速與伴侶心心再相連的美麗觸媒。老公工作非常耗心神的時候，會主動問我可不可以幫他做心輪與肩膀區的按摩，而當我工作過度快被榨乾之際，我也會請老公趕快以按摩解救我一下。

按摩可不是專業人士才可做，簡單的按摩手法，網路上有很多教學影片示範。而身體說說愛之前，選個輕柔的音樂，點上蠟燭，放上放鬆的香氛，將自己的心安靜下來，以緩慢的方式為對方進行按摩，為對方給出最大誠意的溫柔，而這份溫柔，會將兩人的心再度溫熱起來。所以，不管再忙都別忘了空出一個小時來好好善待彼此的身體哦！

婚姻裡的性福密碼

女友F每個月都會在固定時間約一票媽媽聚會，這個女人圈有七個成員，聚會那晚大家都會刻意將先生與小孩排開，聚在一塊什麼都聊。有回來了一位新成員，是F公司的女同事V，那晚的聚會讓我印象深刻，因為V在大家熱話閒聊工作近況時，突然插了話進來：「不好意思，想請問各位媽媽前輩們一個棘手問題。」她的認真一問，讓大家的視線不約而同轉向她。

這時V擠出苦笑說，她跟先生結婚五年，這兩年面臨了很嚴重的性生活不協調。自從有了小孩，夫妻性生活簡直降到冰點，一個月才一到兩次，她覺得自己幾乎快變成無性慾望的女人了。這個大變化讓她挫折不已，因為先生卻仍如熱戀期，還是想要頻繁的性愛，但她卻再也提不起勁。V說她很愛先生，先生也懂得體諒她，但她感覺沒被性滿足的先生，脾氣好像越來越不好。

說到這裡V竟止不住地哭了起來，大夥馬上給她擁抱及遞上衛生紙。此時經驗豐富年紀約五十歲的O說：「寶貝，你的經歷不奇怪，相當正常，只要是歷經過婚姻的夫妻，性難題可是必考題。」O說她自己跟先生有孩子後，也歷經滿長時間的性趣缺缺。

有孩子後，女人的生理變化與撫育孩子帶來的新壓力，都會讓女性轉向先照顧孩子為主，如果那段期間除了照料孩子，還有工作職場上的壓力，光這兩個因素，每天晚上累到只希望可以好好睡個覺了，哪來性趣做愛啊！而我們的男伴們，在孩子出生後，很多都在孩子啞啞開口說話後，才漸漸意識到當爸爸的事實。男人在面對老婆有孩子後，變得只愛孩子不關注他，心理失落感很大，但愛面子的男人哪會說！只是性對他們來說，就是感受夫妻之愛最直接的快速道路。

V的經歷我也走過，在那些撞牆期裡，先生頻繁跟我抗議，甚至還悲慘地自嘲說，再這樣下去乾脆去當和尚好了。過往生命遇見困難挑戰，我習慣靠靈修幫自己解套，但這回卻沒解了。先生說：「老婆，我很愛你靈性靈動的那一面，我跟你一樣也對修行很有興趣，但我們畢竟選擇了婚姻，而不是去修道院出世，我還是隻肉食動物，要不要也替我想想辦法，不能再這樣下去了。」被他這麼一說，我心裡挫折不已，因為真的不知道該如何解決自己的無性慾感，但我知道老公愛我，我也愛他，婚姻其他層面都相當融洽與幸福。

那段不長的撞牆期有個小突破，某夜睡夢中夢到自己一直跳舞一直跳舞，跳到後來很感動還邊跳邊哭。隔日一早醒來，收到身體潛意識稍來的訊息，她要我再回去跳舞，我知道需先放下那些大量的靈修生活，感覺到自己將第一輪與第七輪分裂太久了。身體要我動起來，將身體下面兩輪，沒有活力的骨盤區激活起來。

後來報了社區大學的肚皮舞，主要是當媽後感覺女人味盡失，真的該好好重建。另一個上肚皮舞課的原因是，在生孩子的產前課程，我的德國護理師曾分享女人學肚皮舞的好處，她說孕期學肚皮舞對骨盆腔，可以達到輕度的運動效果，生產後再去學肚皮舞，可以讓產後的核心肌群進行重建。肚皮舞對女性附加價值多，練舞過程裡手部的動作與腰部協舞，培養女人大量嫵媚風情，跳肚皮舞也會激起女性的性慾。

這肚皮舞的神奇功效真的應驗了，常常上完肚皮舞課，性慾被撩起，終於有機會再度體驗與先生的性愛歡愉。舞蹈打開了身體效益，促使我愛上身體的各種訓練，除了學舞還去健身房，跑步及教瑜伽課。要激發性慾，還有一個部分關鍵是，關係裡那些隱藏不溝通的東西，要先敞開心交流，當雙方有共鳴理解，女人的心會再打開，身體才可能準備迎接男人。

而男女在生理與心理層面差異很大，男人很多時候神經大條，他們想跟老婆親密，一方面討愛，一方面也是透過性抒解工作上的壓力，如果女人理解這一點，就會對伴侶多些體諒。另外隨著年齡增長，身體代謝健康都往下坡走，健康因素也直接影響到性慾，後來自己補充了缺乏的微量元素後，整個身體精氣神差異相當大，所以自然有心神體力與空間想要享受性生活。

想要性福，女人天生體質比男人弱，絕不能讓自己操得像男人一樣。女人切記別讓自己忙到累過頭，永遠要在每一天刻意保留百分之二十時間，做做那些讓自己開心的事，當女人花時間做那些開心的事，心情好，身體也才會有空間想要性。

如果真的事業家庭兩頭燒，那至少跟先生每周訂出一天晚上的親密共處，那個晚上可以做愛、可以親吻擁抱、可以按摩、可以一塊看電影，總之就是拿出時間來練習親密的各種連結。如果碰到雙方真的都很累不想做愛，也可以只是做些兩人開心的事哦！性福與婚姻品質的關聯性，我無法說每對夫妻的準則都會是同一個標準答案，但就自己的婚姻幸福度，真的是在性生活變好後更上一層樓！

那晚女人圈開聊婚姻性福密碼，大家意猶未盡聊到凌晨一點才散場。至於V的後續性福狀態，兩年後她再出現於女人圈的聚會時，大夥問起這個問題，這一回反而變成我們這群大姊姊，豎起耳朵不敢錯過她性福晉級後的撩人房事點滴囉！

婚姻裡的幸福百分比

十年前剛結婚，從愛玩的單身咖進入婚姻，初初幾年一直相當抗拒老婆這個角色，因為一聽到先生叫我老婆，直接就聯想到對家庭的義務與責任。當時跟先生聊了我心中理想的伴侶關係，我說：「夫妻結了婚，要幸福快樂，應該需要有三種角色與比例，老婆百分之三十五、朋友百分之三十五、情人百分之三十。」

結婚前超級浪漫的先生，婚後變得務實有擔當，聽了雖然有點認同，但當時的他用力地想扮演好老公與好爸爸的角色，覺得這個婚姻幸福百分比，恐怕不容易執行。他說：「老婆，你難道不曉得，對大部分的男人來說，真的愛一個女人，想將她娶回家，就是他對她愛的最高承諾了！」

這一番話我並不反對，但對於我提出的幸福百分比，關係裡三個角色的發揮，我仍覺得是通往幸福的要素。不過那一回與先生的對話，讓我開始問自己，為何不願意接受進入家庭裡老婆與太太的角色？歷經一段時間的自我探索，才明白內心裡對於這些角色的擔當竟有很深的恐懼，無法像職場上，完全可以承擔肩負起所謂的責任。

過往幾段慘痛的感情經驗，加上從媒體上吸收來的，諸多對婚姻負面的故事報導，與年輕時某些親近好友的婚姻故事，都讓我覺得女人在關係裡是辛苦的，甚至會有諸多不順。隨著後來多年層層覺察浮現，還有定居德國後，很幸運地遇見的朋友大多數都擁有健康平衡的婚姻關係，很自然地開始向她們學習關係上的幸福之道，慢慢地我不再抗拒當一個為家庭付出，與先生並肩一同前進的太太。

重新設定關係經營的幸福導航器，學分漸修至第八年，某日想起當年與先生的對話，心裡頭油然升起對他的感謝，感謝他是一個有擔當的老公，而不是先將情人與朋友角色放在婚姻之上的老公。因為進入婚姻的前幾年，真的需要雙方的務實付出，同心協力在現實生活裡扎下堅固的骨架，而他的務實其實就是愛家愛老婆的行動承諾。

因為這個看見，我的心變得柔軟，也開始對他有更多的尊重與欣賞，並且偷偷地向他取經，學習他為人處事的特質。婚前習慣自由的我也同時明白，生命拋給我的進階版課題是，學習負責任與有擔當。而這學分是透過婚姻來補修，以愛之名在婚姻裡一塊生活，但骨子裡是需要透過另一個人，進行自我探索與改造，一切只為了讓我成為一個更平衡美好的人。

關係裡的序位與平衡，輕重之間跟給取之間，冥冥中都會透過雙方的齒輪相依，顯現給我們明瞭此階段得以順利前進，還是卡住無法向前？就在我願意站回老婆的責任角色，學習付出與經營家庭，變得跟先生比較同頻時，關係裡其他我覺得重要的兩個角色，朋友與情人，就悄悄進入了務實先生的心海底。某一天，跟先生在沙發上聊著天，他開心抱著我說，很高興娶了我當老婆，讓他覺得自己真的過得很幸福。

我一聽，心都快被蜜水淹沒，趁甜水蝕化我之前，故作鎮靜問老公此話怎來？先生說：「因為和你生活越久，越發現老婆是個生活創意家，我們家每一個創意與美感，樂趣與豐盛都你在開創的，能跟這樣的人生活真的很有樂趣。」

他說他終於懂了，當初我跟他說的，關於幸福百分比的事了，因為在我們的婚姻裡，我將朋友與情人的角色發揮得很棒。當下我除了心花朵朵開笑得燦爛，一刻間心裡突然哼起老情歌〈你儂我儂〉：「將咱兩個一起打破，再將你我用水調和，重新和泥，重新再做，再捻一個你，再塑一個我，從今以後，我可以說，我泥中有你，你泥中有我。」

婚姻關係裡雙方的難處與弱點，透過一次次的自我打破成見，將那泥重新打破，進入成熟關係前一回回低谷與高峰，需要堅定雙心無畏艱難攜手同行。穿越過的情誼，將有機會收到愛神親自送給我們的粉紅玫瑰花，成熟之愛的更新喜悅，如玫瑰一瓣瓣一層層美麗綻放，此時也自然活出那個我泥中有你、你泥中有我的同體。

謝謝你仍是我的情人，讓我總可以繼續與你分享著生活裡激情美好的點滴，三不五時地為彼此的愛，幼稚一下，瘋狂一下。謝謝你是我最好的朋友，我們可以一起旅行、一起看電影、一起看同一本書（我看中文，你看德文）、一起過手創生活、一起研究新食譜、一起分享各種想法見解、一起共度過許多生活的難關。

婚姻幸福的百分比，要在哪一個部分放多少比例已不重要，因為這三者全都是你，全都是我。可以獨立，有自愛，也可以成為對方互賴的夥伴。關係的本質，是心靈無數次的深刻火花交織。婚姻裡的幸福除了愛，更多是因著生活的諸多共鳴與共頻，不知不覺地創造了某種安心放心的自在，那種兩人在一起，放鬆但也不羞於做自己的舒服狀態。

幸福共好的漣漪效應

U來上我的瑜伽課已經有三年時間，這位從公關經理身分退休下來的幹練老太太，即使年近七十，但從緊實沒有贅肉的身材，看得出來她對自己長年的自律與要求。

那一晚是瑜伽班師生的年度聚會，我們到城裡的義大利餐廳享用美食。十二個女人聚在一塊，很快就如菜市場般熱鬧。等大家都點完餐，我突然看到U忙著回完手機訊息後，整個臉色變得非常奇怪。我悄悄問她怎麼了？原來是她大兒子與媳婦辦離婚，雙方為了爭取孩子撫養權正在打官司中。她感慨說兩個兒子結婚十年後，命運竟然相差天南地北。

大兒子從小資質聰穎，求學就業幾乎都相當順利，念完醫學院後自己開了診所，事業上算是頗有成就令人羨慕。小兒子呢，調皮搗蛋不太受教，求學過程波折特多，她跟先生光替他擔心都不曉得死了多少細胞，幸好後來進入了喜歡的科技業，擔任電腦工程師。U說只要他可以養活自己，她跟先生的人生大考應該就結業了。

本來以為可以開始享清福，但兩個小孩結婚後，又陸續發生很多問題。沒什麼戀愛經驗的大兒子，在三十五歲時跟自己診所一位美麗的俏護士結了婚。婚前她曾跟這媳婦碰過五次面，對她的印象是雖然漂亮，但聊天對話起來非常貧瘠無趣，而且她自我意識特別強。即使對那女生印象不好，但大兒子愛上了，堅持要結婚，只能放手祝福，搞不好他們會很幸福，如果真的不幸，至少他也學會了功課。

婚後媳婦很快就懷孕生子，開始在家裡當媽媽與家庭主婦。大兒子跟她說孩子三歲後，如果她想回到診所工作，隨時都可以再回職

為二媳婦的聰慧，可是將婚姻生活經營得特別豐富精彩。二媳婦跟U一樣是公關人出身，簡直把公關人活潑有創意的特性完全發揮在婚姻裡，永遠有很多靈感點子把生活過得生氣盎然。而且她認為婚姻就是雙方的合作關係，唯有透過積極參與跟行動經營，幸福才可能涓流成一條美麗長河。小兒子在婚後十年跟爸媽說，這老婆是他的最佳生活拍檔，一塊去滑雪，一塊去爵士音樂會，他說婚前想像跟她的美好生活，婚後十年都一一實現。

U說婚姻要幸福不難，大部分的人進入婚姻，如果抱持著找到長期飯票，或是反正已經娶到手，就不需要再花時間討嬌妻歡心的心態，那麼曾經信誓旦旦的甜蜜，不出幾年都會自動哀唱婚姻是愛情的墳墓。幸福的祕訣是首先要願意改掉被懶癌上身的死個性，看看那些美好婚姻的佳偶，他們都很早就醒悟到，幸福共好的漣漪效應，就是持續不斷將自身美好的能量擴及愛人伴侶，以及身邊所有的人、事、物。長久的幸福，是永遠願意守住那顆人性本質裡，渴望再向上開創幸福共好的心智。

與幸福婚姻有約的平衡法則

有一年參加了一個登山健行營，其中有好幾對夫妻檔，而我則跟裡頭一對感情很好的E夫妻檔特別有緣，每天幾乎都黏著他們倆。快結束健行營的前一天，我抓緊機會大膽提問，他們都結婚四十多年了，怎麼還可以如此甜蜜幸福？

這時我們三人正往上坡路段，乾脆就停下來喘口氣喝點水，然後E先生就開講了。他說自己是個企業老闆，經營公司四十五年了，他們兩人之所以可以長久生活仍然相愛如昔，祕訣就在於將事業經學運用在婚姻上。

事業要成功，重點就是企業體內部與外部，每個面向都能長久持盈地保持最佳的流動與平衡。而攸關婚姻的五大點幸福面向，他認為有情感流動、施與收平衡、金錢運用共識、性愛和諧、願意共同成長。

第一點、夫妻間的情感心靈流動如涓涓柔水，有愛的交流，將情感基金一點一點存進去，婚姻的第一隻腳就會站得穩。

第二點、雙方都該自覺，如果其中有一方不斷給予，但另一方只習慣當收受方，長期沒有給對方回應與回饋，施與收失衡對婚姻非常有害。

第三點，金錢運用共識，他說太太在公司裡擔任祕書兼私人助理，除了每個月的薪水外，他另外再給老婆安家費用及休閒娛樂基金。有些人說E太太是好命的貴婦，但E先生認為他的事業發展成功，如果沒有太太她跟著他勞心勞力，同時兼顧到兩個孩子的教養責任，是不可能達成的，所以算一算她比他更辛苦。男人拚事業，如果沒有另一個堅強的大女人智謀與才華，成功英雄榜的行列，早就被三振出局去當落難狗熊了。

說完這段，E太太熱情地在他臉上親了好幾下，此時E先生繼續說，其實夫妻間金錢的共識，不是每對夫妻都應該拷貝別人的版本，重點是金錢的收入與支出，金錢的運用與投入，只要可以讓夫妻感情更融洽更流動，那就是一個對的指標。

第四點、性愛和諧。性愛也是維繫婚姻的幸福關鍵，他們兩人對看了一眼說，到老都還有性福算是難能可貴，因為與他們同齡的夫妻檔，隨著年齡和健康因素，不見得可以再如年輕時的性福，但還好婚姻裡，仍有太多美好可以維繫雙心的愛，年紀大的愛侶，可性可不性，沒有對與錯。

E太太難得插了話，說她有對夫妻檔朋友，年過六十後雙雙都不再熱衷性生活，但感情仍甜蜜，一起去參加合唱團，一起在孤兒院當義工。但另一對六十多歲的夫妻檔，老公體能性致仍不錯，老婆卻沒那麼有勁，但因為愛老公，後來跟他去學了探戈與華爾滋舞。那位老婆私下偷偷跟E太太說，學舞，尤其是跟先生一塊跳舞，果然助性效果不錯喔！

性事只要雙方協調好就行，萬一兩人不同步，E太太說記得別分道揚鑣，除了可以尋求專業諮詢，也需要互換立場體貼對方。男人要體諒女人不上床的沒心情沒體力，女人也需要在男人十次想要時，不要九次都說NO，讓英雄氣短。如果太累沒心情，無法來全套滿漢大餐，就來點清粥小菜，或自助快餐都行。總之性是男人的生理本能，女人可以將性能量提升到生活上去發揮，但男性不容易，這點可要好好協調。

第五點、願意共同成長。有句話說一個微笑，就能成就一段愛情，可婚姻卻是不同。E太太說這輩子看到太多不幸的婚姻，其中常看到的是，一個在成長另一個不願意跟上去，或一個在成長，另一個恐懼沒自信，乾脆每日自暴自棄加自怨自艾。婚姻的成功哲學，是知道浪漫與風花雪月是雙人的粉紅泡泡背景，但那個擺在前台給眾人見證美滿婚姻的背後，卻是深刻上百次雙人共同成長歷練，才熬煉而出的黃金火花。

雙方用心培養的脈動思想共鳴，關係裡可大可小的彈性調度，知道關係需要多元角色輪流上場。一輩子那麼長，除了是彼此的老婆老公，還必須是雙方的精神導師、情人、軍師、小女人小男人、英雄與皇后等多元角色。

關係如花園，沒膽量成長的夫妻，付出的代價很有可能是，花園漸漸發出死氣沉沉的臭酸味。如果雙方都願意共同成長，那麼走入花園裡，將成為一個盈饒豐收的主人家，經常都可以細細品嘗，彼此用心付出所孕育的生機花園。

這對攜手共度四十年的佳偶，暢談了讓婚姻幸福的平衡法則，是我那趟健行營最大的收穫。雖然後來我們斷了聯繫，但他們兩人樂觀風趣開朗，在健行路上手牽手的甜蜜背影，是我幸福婚姻的典範。而他們跟我分享的經營婚姻五大平衡法則，我也銘記在心，並與先生在婚姻生活中實踐。

我想起E太太在離開健行營前，抱住我並送給我的那段話：「一個人如果有智慧將關係經營成功，那麼生活裡的其他面向，會自動牽引出相連的附加幸福，關係幸福快樂的人，健康、財富與成功也都會順著被吸引過來喔！」

（私房・心話）

差異其實若有智巧去融合，就有機會變成婚姻裡具挑戰性的幸福平衡法。跟先生雖有很多共同的興趣與嗜好，但仔細一瞧我倆生活差異還真不少。

一個內心有困惑時不會講出來，反而喜歡將家裡的櫥櫃重新整理一次；一個碰有困惑時，一定要趕快打電話跟好友暢聊一番。一個早上六點起來精神奕奕；一個傍晚六點到來特別有精神。一個睡覺要開一點窗；一個睡覺窗一定要關緊緊。一個對夢想只要稍有個底，就會趕快行動，因為人生不能有遺憾；一個對夢想一定要經過理性思維千百考慮後，才可以踏出第一步。一個晚上睡前要洗澡，一個早上上班前要洗澡。一個需要老婆每天對他說很愛他；一個需要老公每天對她做些貼心小事表示很愛她……

生活裡數不完的大小差異，在愛的有容乃大懷抱下，在時間耐心與我們並肩慢慢跑慢慢磨後，那些差異竟都變成了完全不礙眼的互補協調與平衡。曾經覺得他保守固執，後來竟可以因為對他的理解，感謝幸好有他的踏實來穩住我的不理性與衝動，他能考慮到的，恰恰都是我大腦根本思考不及的。曾經他覺得我任性與強悍，後來他慢慢懂得欣賞接納，因為就是我的勁味，才有可能將獨特的夢想從漫漫雲端帶下來地球表面。

差異之所以可以華麗轉身，搖身一變唱出平衡巧妙的樂曲，那背後靠的譜是，雙人牌的智慧與巧心，溫柔細細煲煮，才會熬煉成美味極品來。

幸不幸福六層樓

那天晚餐用完，有一陣子沒見的好友R跟我約好趁著夏末美好餘暉，在住家附近散散步消消化，姊妹淘順便聊聊。走著走著R跟我說，他們樓上鄰居又搬走了，下個月換另一對夫妻搬進來。「你是說那個一表人才，但情感漂泊的單親爸爸H先生要搬走了嗎？」

聊到H先生時，正好有對情侶路跑而過，我不禁有感而發：「剛剛那對年輕情侶好甜蜜啊！進入婚姻初期的男女，不都是那樣美好過嗎？但到底是哪些問題，讓世間男女搞砸了婚姻關係？」

R說難題如果要她來解，肯定需要運用到反差案例，她頓了幾秒突然笑出來說，她住的大廈公寓有六層樓，共有十二家住戶，每年管理委員會會辦夏季烤肉派對，冬季聖誕節前還有一次烤餅活動。她說在這大廈住了十年，多少觀察到這十二戶人家，那些夫妻檔的生活互動。

每一次的夏日烤肉派對如婚姻生活現形記，關係超過十年住在三樓的W夫妻，是典型的冰火夫妻檔，久住的居民沒人不知道他們的貌合神離，夫妻倆出現在公眾場合都是冰冷相待，眼神不相看不對話，總是各走各的。雙方有衝突時，火爆的激烈對吵，偶爾嚇得鄰居很想找警察來勸和。

據說他們剛結婚時好得很，但後來感情開始變化，因為兩人婚後才發現，對生活渴望的遠景差異太大，老婆活潑外向思念大城市的熱鬧生活，想回去漢堡發展新事業，但老公已年過五十五，覺得安住在小而美的城市，正是此時心境體力上最完美的選擇。

R說，這問題兩人始終沒有交會點，太太遷就了先生定居在此，先生也沒特別感謝或回饋，反正婚都結了，老婆這樣做是應該的！雙方的差異與情緒沒被真正平衡滿足，老婆內在極度不滿的氣，也開始時不時往先生身上發洩。但他們也不肯離婚，說夫妻吵架冷戰本來就是常有的事，兩人就這樣自圓其說地每年都在撐著。

W夫妻如果都有些智慧，用心處理雙方的差異，其實美好的關係根本不會走到這一步。R繼續說，另一對與W夫妻的反面教材，是住在四樓的C夫妻檔。這對夫妻檔能幸福是因為懂得互相截長補短，每次出現在公開場合，感覺老婆溫柔婉約，多以先生發言為優先，看起來似乎是強勢的先生在主導一切。但深知他們婚姻生活真相的人，都知道C先生於公於私的大部分決定，都是先聽過老婆層層理性分析後，才快手下標。

有點歷練的人都知道，C太太看似溫柔處於被動，事實上她是運用了女性的巧妙心機，以退為進，溫柔隨侍在先生旁，如精神導師般將她正能量的思維，每天一點一滴洗腦，漸漸將先生改造成她心目中的理想老公。接著R又補充說，不過一個男人，甘願被另一個女人改造，前提是他要夠愛這女的，懂得欣賞這女的，好像她是他的至寶。如果他不愛她，可能連她要個脾氣都會惹得他大呼小叫不耐煩。有了夫妻雙方深厚的愛，所謂截長補短型的夫妻才能發揮高效能，你有的特長幫我補一些，我有的優點也樂意貢獻給你，這琴瑟慢慢自然就和鳴了。

聽完C夫妻的故事，我不禁想到令人印象深刻、住在六樓的K夫妻檔，K先生在老婆生完後，自願在家帶孩子，實踐了德國的十四個月育嬰假，然後要事業心重的老婆，趕快回到職場上。R說這個年代，的確開始有多一些男性意識到自己沒那麼愛在職場裡英勇奮鬥，何不讓比較會賺錢的老婆在職場上發揮強項。R說K先生的強項就是在照顧小孩上，還真的比太太細心多了，幫孩子洗澡剪指甲，所有傳統對一個媽媽期待的完美功能，他絕對可以到達八十分。

被R怎麼一提，我很直接地問：「K先生那麼細心又陰柔，他老婆不會覺得老公沒男人味嗎？」R笑了起來：「他們應該在床上還滿性福的吧，看K太太的皮膚都還會發光呢。老婆身心都被滿足了，還有個先生願意配合她的事業心，讓她無後顧之憂去發展，將孩子與家顧好，這樣不是很好嗎？」R說，她看不出K太太對先生纖細的本質有歧視或不滿，反而還常跟她們這些老大姊說，她太幸福了，嫁給一個這樣的先生，上天幫她配得真好，她的強項與弱項跟先生的剛好互補。最重要的是兩人在婚姻生活上，渴望創造的美好方向是一致的。

聽R將三、四、六樓三對夫妻分析完，我隱約好像抓到一些構成婚姻幸福的關鍵因素，聽完那幾對精彩故事後，仍有種意猶未盡的感覺，我發揮打破砂鍋問到底的好奇精神，繼續追問其他三對的狀況。R說，住在五樓的去年離婚了，住在二樓那一對因為雙方都不出席大廈的任何活動，看到鄰居雖然會和善打聲招呼，但感覺似乎極度保護個人生活隱私，所以大家也都很懂得尊重他們。

聽完後我故意問：「那最後一對呢？是住在第幾層樓啊？」R大笑，比了比自己說：「我啊，我們住一樓。你如果想聽我們夫妻的故事，下回來我家吃飯吧。」不知不覺已經八點了，她站起身來說要回家，不然先生會擔心。

我們快速互抱了一下，說了再見，我看著R健康開朗的背影，知道她跟先生是幸福的，因為我想起某回她跟我分享過，經營婚姻十五年的幸福祕訣在於，永遠要以自身的好來帶動另一個人的好，除了自愛外，永遠要多做那些讓對方很快樂的事，將對方的快樂當成自己的快樂，那麼關係裡幸福的正向漣漪，將會以加倍的方式擴展著美好。

不結婚的同居關係如暫租的公寓，可以共創兩人生活的味，但沒有嚴格契約將彼此綁住。戀人如公寓是可變動的，戀錯人了可以進行汰換更新，但當兩人決定要結婚時，那就跟認真到要買房子非常相像。

前晚好友O邀我到她買的新公寓做客，依在她的燭光沙發區上，細細欣賞每個角落女主人精心的布置與打點。問她買房子跟租房子的心情感受差異，她說以前租來的房子雖然喜歡，但她根本不會真的投入金錢，因為心理上一直覺得是暫時的殼。她細數為了新公寓所花的錢以及所買的傢俱，數字雖然不小但並不心疼，因為這是她要住到老的地方，可要讓自己舒服點。

置身在O的新公寓，感染著她那如新婚般滿溢出來的幸福喜悅感。每對剛結婚的新人，不也如這般入住新房時格外的興奮與快樂嗎！那美好的感覺，在未來十年二十年，隨著關係的陰晴圓缺、喜怒哀樂起承轉合後，當年入住新屋時的幸福心情，會不會一直在呢？

幸不幸福六層樓，每往上一層肯定會有挑戰與困難，但願所有相愛的人都能堅定雙心走過轉折，千萬不要太早放棄，因為再堅持一下，再努力一下，只差幾步，將會看到另一個更開闊的幸福角度與視野。

我的野味幸福曲

那天跟好友Z聊到最近德國生活近況。我跟她說前天才跟六個媽媽跑去迪斯可跳舞，熱舞到凌晨三點才回家。她一聽驚問，老公都沒說什麼哦！你已經結婚了耶！我說：「結婚不代表就得失去生活的種種樂趣啊。我們每個月的熱舞之夜已經好幾年，六個女人的老公，可是對老婆們上舞廳放鬆自己，舉雙手贊成的哦！」

Z好奇繼續追問，那些媽媽都是什麼樣的背景呢？我告訴她其中有兩個是老師，兩個是醫生，另外兩個是護士跟上班族，每個都有正當職業。Z說：「你的那一票女朋友跟你一樣，都是反差度很大的人。像你，一面教瑜伽、去內觀當義工，另一個你卻跑去學肚皮舞跟上舞廳！」仔細想想婚後的女子，去跳舞去做非家庭生活外的興趣延展，這些嗜好婚前本來就有了，只是看你敢不敢繼續在婚後追求自我，在顧家愛小孩之餘，硬要擠出時間，三不五時來個女人幫瘋玩時光。

並不是說當好媽媽好太太或好老公不重要，我的女朋友們個個都是好媽媽與好太太，她們的先生也都是太太心中的好先生。只不過這些女人的「好」，有個先覺與先決條件，那就是在婚後永遠懂得給自己快樂，從來不會虧待自己，犧牲掉婚前曾有的生活樂趣。如果從世俗面來定義結婚的女人與男人，許多人下意識會認為結了婚就該當賢妻良夫，但旅居德國十一年裡，這單一的標準，卻在我遇見的許多朋友身上一一被打破。

還記得恩典兩歲時，有回A與P跟我說，她們分別要去度假，一個是跟同學去登山五天，一個要去古巴旅行十天。她們兩個的小孩都跟恩典一樣大，當我聽到她們放下孩子要去度假，心裡的滋味酸極了。我問那孩子呢？她們說老公帶啊！我的臉色馬上發青一言不發。她們看著我，故意鬧說：「老公又不是未成年不會帶小孩，出去鬆綁一下充充電，對婚姻才是上上策，小逃離一下，路才可以走得更遠更好一點。」

後來看到她們旅行歸來的照片分享，我心裡的酸味繼續發酵，接著開始下起大雨，失控地嚎啕不已。我看見自己內心底層對她們的嫉妒與羨慕，我看見自己在婚姻初期，用美德與賢妻角色時時綁架自己，我好用力，超級萬分努力，但覺得內在有個部分的自己死掉了，我不快樂。那晚痛哭後，我決定要尋回婚前那個充滿熱情有夢想的自己。

我逼自己走出家門，報了兩年的瑜伽師資訓練班，然後開始幫自己安排一連串的大小出走，每一次當我離開舒適城堡，感覺體內那個野小孩又復活了，那個對生命充滿想法與熱情的我又回來了。

冒險行動的每一個夢想初期，先生總是持懷疑票，但五年間我讓所有的不可能全變成可能。然而很奇妙的是，當我變快樂變得有力量時，跟先生婚姻的親密感變得更好，我的夢想成真也間接激發他，重新回到木工嗜好上再精進。也因為當初勇敢踏出家門築夢，才可能相遇了本書裡所記載的精彩故事。而這本書也記錄了我，在過往感情關係，與婚姻送給我的成長領悟。

我知道幸福不存在所謂的絕對論，但我仍想說，能掌握幸福的男女，似乎都有個共同本質，那就是他們雖活在人間，但卻可以不被世俗的刻板框架綁住。他們將自身潛能發揮到極致，持續不斷在人生不同階段變化裡，為自己提煉專屬於他們的野味幸福生活曲。那道野味幸福曲是，讓人性裡的兩個反差互相交融，演繹幫襯彼此。成熟的你可以擔當爸媽與老婆老公的責任與義務，而另一個你如孩子一般，對生命充滿熱情好奇，也懂得來個小小瘋狂曲。

能夠創造個人野味幸福曲的男女，其實就是非典型好女人、非典型好男人。這些人在新時代浪頭上，將傳統對好的定義重新再改寫，然後願意將男與女的所屬本質大膽跨區融合。所以當老公的，不再是那個只負責賺錢拿回家，其餘都不管，而是有意識地跟另一半分攤好家務勞動。然後當老婆的，也可以在職場發揮自己的強項，成為公司的重職首腦，變成令老公驕傲的另一半。

關係的本質目的，最終是一趟透過伴侶來認識真我的旅程，如果沒有這個認知，那麼透過磨合衝突所揭露出的內在陰暗與挑戰，都會輕易將人打敗，不再相信愛。關於現代男女的戀愛狂想曲、婚與不婚之間，我們是否準備好，願意將自己變成一個終身的虔誠信徒，在愛面前虛心前進，好好勤修鍊補智慧。因為當兩個人愛的能力漸漸增加，得以在關係裡將危機化為轉機，將挑戰困難化為關係花園的養分，那道屬於愛的幸福滋味，將會加倍奉還，環繞在他們眼底與心裡，並為那看似平凡的每一天，都開出瑰麗的紅玫瑰。

願將此書獻給所有信仰愛的人，願書中那些穿越關係考驗、醒悟後的智慧火光，成為護守你愛的盾牌。願此書傳達的幸福關係的美好恩寵澆灌你的身、你的心與靈，祈求你活得舒心快樂，願你能看見自己就是整個地球裡獨一無二的美，你就是一個超級動人、愛的美好展現，而你一輩子都值得被自己與另一個靈魂珍愛著、疼惜著、尊重著。

國家圖書館出版品預行編目 (CIP) 資料

為愛情造新命：扭轉關係體質，成為幸福好
命女 / 林家羽著 . -- 初版 . -- 臺北市：遠流，
2019.11 面；　公分
ISBN 978-957-32-8665-3(平裝)
1. 自我實現 2. 兩性關係

177.2　　108016602

為愛情造新命

扭轉關係體質，成為幸福好命女

作　　者：皮爾斯夫人（林家羽）
總 編 輯：盧春旭
執行編輯：黃婉華
行銷企劃：鍾湘晴
封面設計：謝佳穎
內頁排版設計：Alan Chan

發 行 人：王榮文
出版發行：遠流出版事業股份有限公司
地　　址：臺北市南昌路 2 段 81 號 6 樓
客服電話：02-2392-6899
傳　　真：02-2392-6658
郵　　撥：0189456-1
著作權顧問：蕭雄淋律師
ISBN：978-957-32-8665-3

2019 年 11 月 1 日初版一刷
定　　價：新台幣 320 元（如有缺頁或破損，請寄回更換）

遠流博識網　http://www.ylib.com
Email: ylib@ylib.com